しゃべりはじめたら

ママといっしょに
リピート英語

朝起きてから夜寝るまで
すぐに役立つ表現が
自然と身につくフレーズ **400**

戸張郁子
ブラッド・ユアショット

ブックマン社

しゃべりはじめたら
ママといっしょにリピート英語

日本語といっしょに育つリピート英語 ──はじめにかえて ………4
リピート英語の基本 ──本書のしくみ ………5
子どもに英語を教えるための10のヒント ──本書の使い方 ………6
本書の仲間たち ………9　　Shun-Shunの英語ワールド ………10

PART 1 一日のながれ ………13

1. **Getting up** おはよう ………14
2. **Meal time** いただきます ………16
3. **Time to go** いってきます ………24
4. **In the living room** リビングで ………26
5. **Toilet training / Potty training** トイレにいこう ………32
6. **Off to the park** こうえんであそぼう ………36
7. **Going shopping** おかいものにいこう ………44
8. **In the shop** これがほしい！ ………48
9. **In the evening** パパ、おかえり！ ………52
10. **Bath time** おふろのじかんだよ ………58
11. **Bed time** おやすみなさい ………62

PART 2 いろんなことをやってみよう ………67

12. **Cooking Play** おてつだいしよう ………68
13. **Hide and seek** かくれんぼしよう ………74
14. **In the garden** おにわで ………80
15. **In the car** くるまでゴー！ ………84

16 **Taking a train** でんしゃでおでかけ ……… 88

17 **Injured and Sick** けがや病気 ……… 94

18 **Talking about the weekend** 週末はどこにいこう ……… 96

Exercise
つかってみよう

Greetings
あいさつ ……… 31

5Ws and 1H
いつ、どこで、誰が、何を、どうして、どうやって ……… 47

Body parts
からだの部位 ……… 51

Family tree
家系図 ……… 57

Positions
ものの位置 ……… 72

Mine and Yours
誰のもの ……… 79

Opposites
反対語 ……… 91

できるかな？ ── いっしょに歌おう！ ……… 98

1 Morning song
はみがきできるかな

2 Baseball song
キャッチボールできるかな

3 Bath time song
ズボンはけるかな

4 Cooking song
おいしくできるかな

5 Driving song
右にまがれるかな

もう一度、おさらいしよう ……… 100

おうちの方へ

＊本書には、各場面ごとに子どもとお母さんの会話が収録されたCDがついています（収録時間73分20秒）。音声のあるページには、トラック番号がついています。　例）Track 14

＊お母さんとお父さんの会話にはすべて発音の参考としてカタカナ読みがついていますが、まずはCDを聞いて耳に慣れることからはじめましょう。

＊お母さんの話す英語のあとに続いて、CDの音声にあわせて、お子さんも同じフレーズを繰り返すようにしてみましょう。

＊会話の中のフレーズをつかったオリジナルの歌が5曲収録されています。お子さんといっしょに体を動かしながら、歌ってみましょう。

日本語といっしょに育つリピート英語
――はじめににかえて

　昨年５月、本書の共同著者である10年来の友人の家族とニューヨーク旅行に同行する機会があり、そこで今回の「リピート英語」という発想が生まれました。英語ネイティブのパパと日本人のママをもつ２歳の男の子は、保育園では日本語、家庭内では英語を使っています。日中は圧倒的に日本語で話しかけられることが多いため、主たる言語は日本語。といっても、まだ２歳ですから、日本語のほうもそれほどボキャブラリーが多いわけではないのですが……。

　ニューヨークでは、約一週間アパートメントに滞在したので、私は彼らの会話を間近で聞くことができました。たとえば、男の子が日本語で「お腹すいた」とママに言うと、ママが「I'm hungry」と英語で言い直してあげる。それを彼がリピートして「I'm hungry.」と言う。そういうことの繰り返しでした。もちろんパパとも同じやり方です。

　驚いたのは、たった一週間の間に、男の子がすごい早さで英語のフレーズを吸収していったこと。私も同じように、彼が私の部屋に遊びにくると、「Stand up, sit down, clap your hands.」などと歌いながら、一緒に踊ったりしていたのですが、旅の終わりのほうでは、彼のほうから先に歌いだすほどでした。

　思えば、リピート式に言葉を教えるというのは、子育ての間、日本語でも普通にやっていることです。「ごちそうさま？」とか「ねんね？」とか子どもが言いたそうなことを先に言ってあげて、それを子どもがオウム返しする。ごく普通のやりとりですね。そこには、いちいち「こういう時は、お腹すいたって言うのよ」というような説明がなくても、雰囲気で子どもは察してくれるものです。

　今後、小学校での英語教育の導入も本格化し、英語学習の早期化はますます進むことでしょう。とはいっても、英語は言葉、言葉は道具として使ってこそ意味があるもの。小さいときから暮らしの一部として、まず当たり前に家庭内にあることが望ましいと思います。

　子どもの脳は柔軟です。日本語を使ったことを否定されることがなければ、英語の言い方も日本語の言い方も両方覚えることができます。リピート英語は、子どもの日本語のボキャブラリーの成長とともに成長します。決して日本語のほうを否定するかたちではなく、これもまた、同じ意味の違う言い方、という気持ちで話してあげてほしいと思います。

2014年1月　戸張郁子

リピート英話の基本
――本書のしくみ

本文はシチュエーションごとに、次のようなダイアログで構成されています。
子どもがパパやママがしゃべった英語を繰り返すことで、自分の言いたいことや欲しいものを
自然に英語で口にできるように、じょうずに誘導していきましょう。

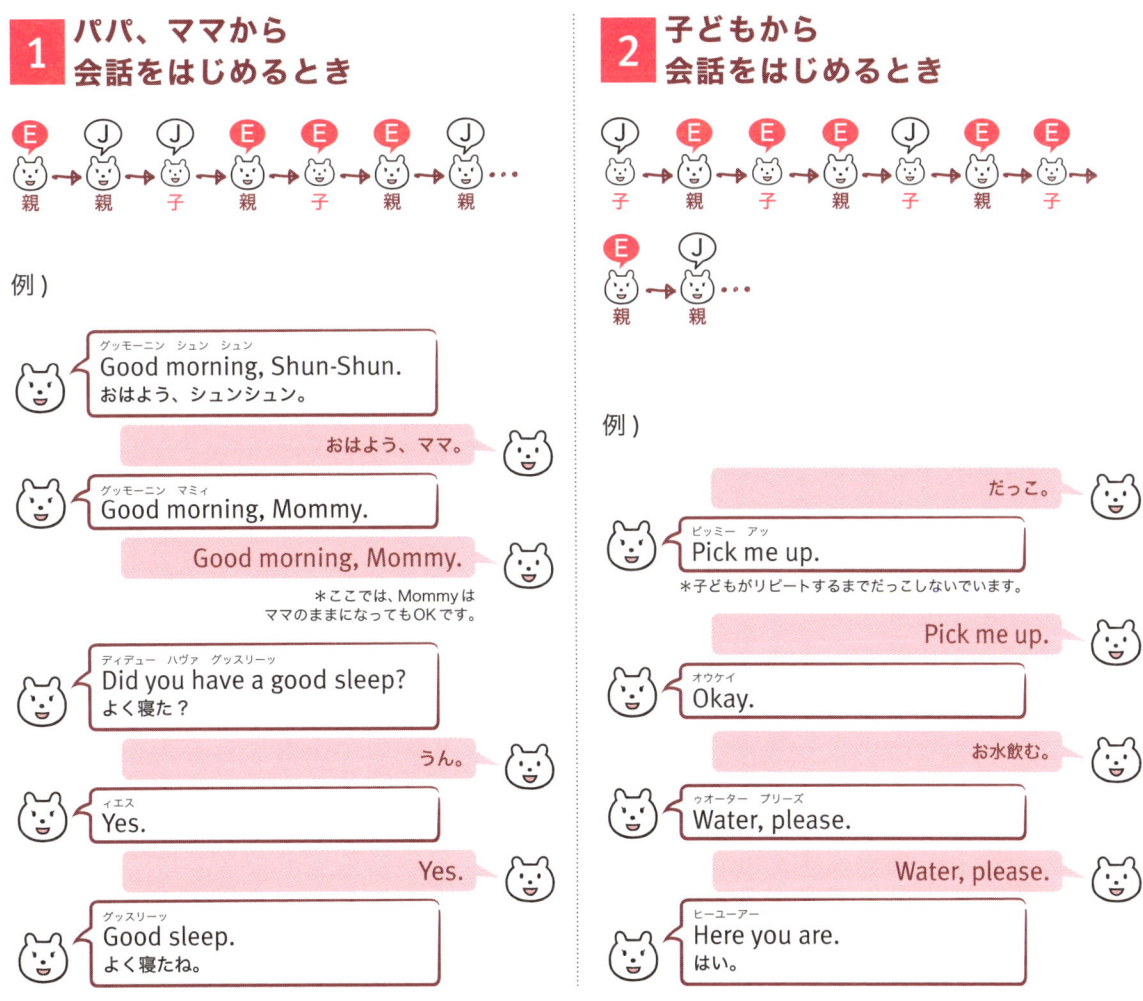

これらの例はあくまでも基本なので、何回リピートするか、どのタイミングではじめるかは自由です。
最初はインプットが目的なので、気楽に気長にはじめてみましょう。

> ブラッドの
子どもに英語を教えるための10のヒント

——本書の使い方

1. 早いほどよい。

子どもによって言葉を身につける年齢はさまざまですが、あなたがすこしでも早く子どもに話しかければ、それだけ早く子どもも話すようになります。だからこそ、赤ちゃんが生まれた日から、日常的に話しかけるようにしましょう。もしくは、あなたがこの本と出会った日からでも大丈夫。遅すぎるということは決してありません。

2. シンプルな単語やフレーズを使おう。
（1語もしくは2語で）

あなたのお子さんが、1歳未満で、まだしゃべることができないならば、できるだけシンプルな単語やフレーズを使って声かけしてあげましょう。1語、もしくは2語の文でかまいません。
たとえば、"The teddy bear has fallen down." と言うかわりに、"teddy fall down" とか、"teddy gone" でOKです。あるいは、何か飲みたいかをたずねる場合、"Do you wanna drink?" と言うより、"Drink?" とだけ言うか、"juice?" とか "milk?" と言ってあげることからはじめるといいでしょう。はじめは何を言っているのかを理解することが大事なので、この段階では正しい文法を気にすることはありません。

3. 繰り返しが肝心。

とにかく、リピート、リピート、リピート。

4. 言語を組み立てていこう。

子どもは、動詞より先に名詞を覚えます。赤ちゃんや子どもが見るもの、触れるもの、聞くもの、味わうもの、においがするもの、すべての名前を呼んでみましょう。1歳を過ぎたら、すでに声かけしてきた言葉を組み立てていきます。
"Drink?" とだけ言っていたのを、"Do you wanna drink?" というように長いセンテンスにかえてみましょう。最初は子どもからは "Drink" としか返ってこないかもしれませんが、それでいいのです。子どもの発達に合わせて、"I wanna drink, please." と言えるように導いていけるはずです。"juice" からはじめて、"drink juice"、それから "I wanna drink juice."、そして "I wanna drink juice, please." という具合に、子どもの発達に合わせて言葉を組み立て、足場をつくっていくのです。

5. 日本語を英語でリピート。

子どもがすでに2～3歳になり、基本的な日本語がしゃべれるようになったら、この本を参考にして彼らが日本語で言ったことを英語でリピートしてあげましょう。

たとえば、子どもが「だっこ」と言ったら、ママは "Pick up." とか "Pick me up." と言ってあげます。子どもはママの言うことを何度も聞いているうちに、自然に "Pick up." や "Pick me up." とマネるはずです。また、子どもが「おいしい」と言うたびに、ママが "Yummy." と言っていれば、子どもも "Yummy." と言うようになります。子どもが「ジュース飲みたい」と言うたびに、ママは "I wanna drink juice." と言えばいいのです。

こんなことをしていたら、子どもが日本語を忘れてしまうのでは……と心配になるかもしれませんが、そんな心配は不要です。子どもはただ、だっこしてもらうために二つの言い方があること、ジュースを飲ませてもらうために二つの言い方があることを知るようになるだけです。実際、彼らはやがて、つづけて両方の言い方で言うようになるかもしれません。これが、バイリンガルへのはじめの一歩です。

6. 日常生活の中で話そう。

パパやママの中には、いつ子どもに話しかけていいのかわからないと言う人がたくさんいます。でも、日常生活のなかには、声かけのチャンスがいくらでもあります。

たとえば、赤ちゃんや子どもを抱き上げるとき、無言でするのではなく、毎回 "Up" とか "Pick up" と言いながらやってみましょう。するとまもなく、彼らはパパママの言葉と行動を結びつけるようになり、だっこしてほしいときには、彼らのほうから "Up" や "Pick up" と言うようになるでしょう。赤ちゃんや乳幼児はふつう泣くだけですが、言葉が自分の気持ちを伝えるための有効なツールであることにすぐに気づくはずです。

キッチンに行くときに、子どもに向かって "Go kitchen"、料理をしながら "Mommy's cooking" と言うようにしてみましょう。あなたがなにかをしたり、彼らがなにかをしたりするとき、必ず実況してみるのです。つまり、日常生活で話しかけ続けることがポイントなのです。食事中、お風呂、オムツを替えるときも、おしゃべりに最適です。

> ブラッドの
子どもに英語を教えるための10のヒント

7. 楽しもう。

言葉は遊びを通じて発達します。表情を大げさにしたり、声色を変えたり、さまざまな音を出したり、ごっこ遊びをしましょう。オリジナルの歌をつくることも効果的です。お風呂でしぶきをあげながら、"**Splash, splash, splash, splash in the bath.**" と何回か歌ってみるのもおすすめです。

8. 子どもをほめよう。

子どもが初めてハイハイをしたり、歩いたりしたとき、"**You are crawling.**" とか "**You are walking.**" というだけでなく、"**Great**" や "**Nice**" "**Wow**" などを付け加えてみましょう。もうすこし大きくなったら、おもちゃを片づけたときに "**You are cleaning up.**" に続けて "**Good job**" とか "**Great**" と言ってあげましょう。途中でも、ほめてあげるのがポイントです。結果よりもその過程からほめることで、子どもは最後までやりとげる気になります。

9. やさしく正そう。

子どもがまちがった言い方をしたとき、決して "**That's wrong.**" と言ったり、批判的な言い方をしてはいけません。そのかわり、ただ、正しい言い方をやさしくリピートするだけでよいのです。おもちゃのクルマを見て、「ガー」とか「グー」と言ったりしても、ママはただ "**Car, Car**" とリピートしてあげましょう。まもなく、彼らは自然に自分のまちがいに気づき、正すはずです。

10. CDを活用しよう。

多くの日本人のパパやママは、発音に自信がないので、子どもに英語が教えられないと思っているかもしれません。正しい発音の練習のために、この本についているCDを利用しましょう。とはいっても、そんなに神経質になることはありません。完璧な発音を教えることよりも、言葉をたくさん聞き、覚えさせることのほうがずっと大事なのです。実際、日本人の両親に育てられても、年齢とともに自然に正しい発音を身につけていくバイリンガルキッズはたくさんいます。

本書の仲間たち

パパ

料理が得意で
アウトドアレジャーが好き。
仕事は忙しいけど、
家事にも積極的に参加するパパ。
はじめての子育ても
楽しんでいます。

ママ

ずっとフルタイムで
仕事をしているため、
家事と育児の両立は大変。
でも、パパが協力的なので
助かっています。
シュンシュンにとっては、
パパよりもちょっと怖い存在です。

Shun-Shun

保育園に通う
3歳の元気な男の子。
おしゃべりで好奇心が旺盛。
保育園では
リーダー的存在です。
最近、なんでも
自分でやりたがります。

Shun-Shun の英語ワールド

3歳のシュンシュンが本文の中で使っている英語には、こんな特徴があります。

① 主語（自分のこと）は Shun-Shun と言います。

本来は三人称単数ですが、I として使っているため、
動詞に三人称単数の s をつけていません。I を使うこともあります。

例）

 Shun-Shun do it. =  I do it.

シュンシュンがやる。

所有格は、**Shun-Shun's** を主に使い、たまに **my** を使っています。

例）

 Shun-Shun's room.

お部屋行きたい。

② 1単語文

名詞だけ（**a, an, the** などの冠詞なし）、動詞だけ、
形容詞だけの1単語文をよく使います。

例）

 Milk.　　　　 Walk.

ミルクちょうだい。　　　歩く。

 Yummy.

おいしい。

③ 2単語文

「する」「したい」というとき、「して」というときに、
「Shun-Shun + 動詞」「Daddy / Mommy + 動詞」という表現をよく使います。

例)

 Shun-Shun carry.
シュンシュンが持つ。

 Daddy open it.
パパがやって。

④ 3単語文

「I want + 名詞（ほしい）」、「I wanna + 動詞（したい）」という意志を表します。
ひと続きで使うので、主語は I を使います。

例)

 I want banana.
バナナ食べたい。

 I wanna go.
行きたい。

⑤ 4単語文

パパやママからよく尋ねられる疑問文で、「What do you ＋動詞？」などと使います。
何度も言われているうち、自然と自分でも言えるようになります。

例)

 What do you drink?
何飲む？

 What do you eat?
何食べる？

 What are you doing?
何してるの？

 Where are we going?
どこに行くの？

⑥ 5単語文

4単語文に、**Daddy, Mommy** などをつけて呼びかけるのが自然です。

例）

 What will you buy, Mommy?
ママ、何買うの？

 What are you doing, Daddy?
パパ、何してるの？

 Where are we going, Mommy?
ママ、どこ行くの？

⑦ 位置を表す前置詞

パパやママが使っているので、たいてい意味はわかっています。

例）

 On the table.
テーブルの上。

 In the car.
クルマの中。

 Under the tree.
木の下。

 By the window.
窓ぎわ。

⑧ 時間・自制

何時に何をするというより、「〜をする時間」という感覚で使います。

例）

 Lunch time.
お昼ごはんの時間。

 Time for bath.
お風呂の時間。

現在、過去、未来については、**today**（今日）と **tomorrow**（明日）の感覚は身につけています。

 What did you do today?
今日は何をしたの？

 Where are we going tomorrow?
明日どこに行くんだっけ？

PART 1

一日のながれ

この章では、朝起きてから夜寝るまで、
どこの家庭にもよくある
シチュエーションでの会話を紹介しています。
どのシチュエーションから
リピート英語をはじめるかは自由です。
パパ、ママ、子どもに合わせたペースで、
英語を使う場面をすこしずつ増やしていきましょう。

さあ、朝です。元気に起きましょう！

Getting up
おはよう

Track 1

> At 7:00 in the morning. Mommy is waking Shun-Shun up.
> 朝7時。ママがシュンシュンを起こすところです。

タイム　トゥー　ウエイカッ
Time to wake up.
起きる時間よ。
グッモーニン　シュン　シュン
Good morning, Shun-Shun.
おはよう、シュンシュン。

おはよう、ママ。

グッモーニン　マミィ
Good morning, Mommy.

Good morning, Mommy.

ディデュー　ハヴァ　グッスリープ
Did you have a good sleep?
よく寝た？

うん。

イエス
Yes.

Yes.

よく寝たね。
グッスリープ
Good sleep.

14

Good sleep.

 **Shun-Shun wants Mommy to get him out of bed.**
シュンシュンはベッドから出るとき、だっこしてもらいます。

だっこ。

 Pick me up.
ピッミー アッ

Pick me up.

 Okay.
オウケイ
いいわよ。

 **They go downstairs to have breakfast.**
朝ごはんを食べに、一階に降りていきます。

下いく。

 Go downstairs.
ゴウ ダウンステアーズ

Go downstairs.

おはよう、パパ。

 Good morning, Daddy.
グッモーニン ダディ

Good morning, Daddy.

 Good morning, Shun-Shun.
グッモーニン シュン シュン

こんなフレーズも使ってみよう。 Track 2

ウエイキー ウエイキー
Wakey wakey. 起きて。

ウエイカッ スリーピー ヘッ
Wake up, sleepy head. 起きよう。

アウトヴ シュンシュンズ ベッ
Out of Shun-Shun's bed. 起きる〜。

アイ ワナ ゴウ ダウンステアーズ
I wanna go downstairs. 下いきたい。

オウケイ ウィッ ダディ
Okay, with Daddy. うん、パパと。

ダディ トゥゲダー
Daddy together. パパと一緒に。

15

ひとりでじょうずに食べられるかな？

Meal time
いただきます

Track 3

> **Now, it's time for breakfast.**
> さあ、朝ごはんの時間です。

 アー ユー ハングリィ
Are you hungry?
お腹すいた？

お腹すいた、お腹すいた。

 ハングリィ ハングリィ
Hungry, hungry.

Hungry, hungry.

マミィ ゥイウ クック ブレイキー オウケイ
Mommy will cook breaky, okay?
ママが朝ごはんつくるからね。

ごはんだ！

ブレイキー
Breaky.

Breaky.

シッティン ユア チェア
Sit in your chair.
すわって。

このイスがいい。

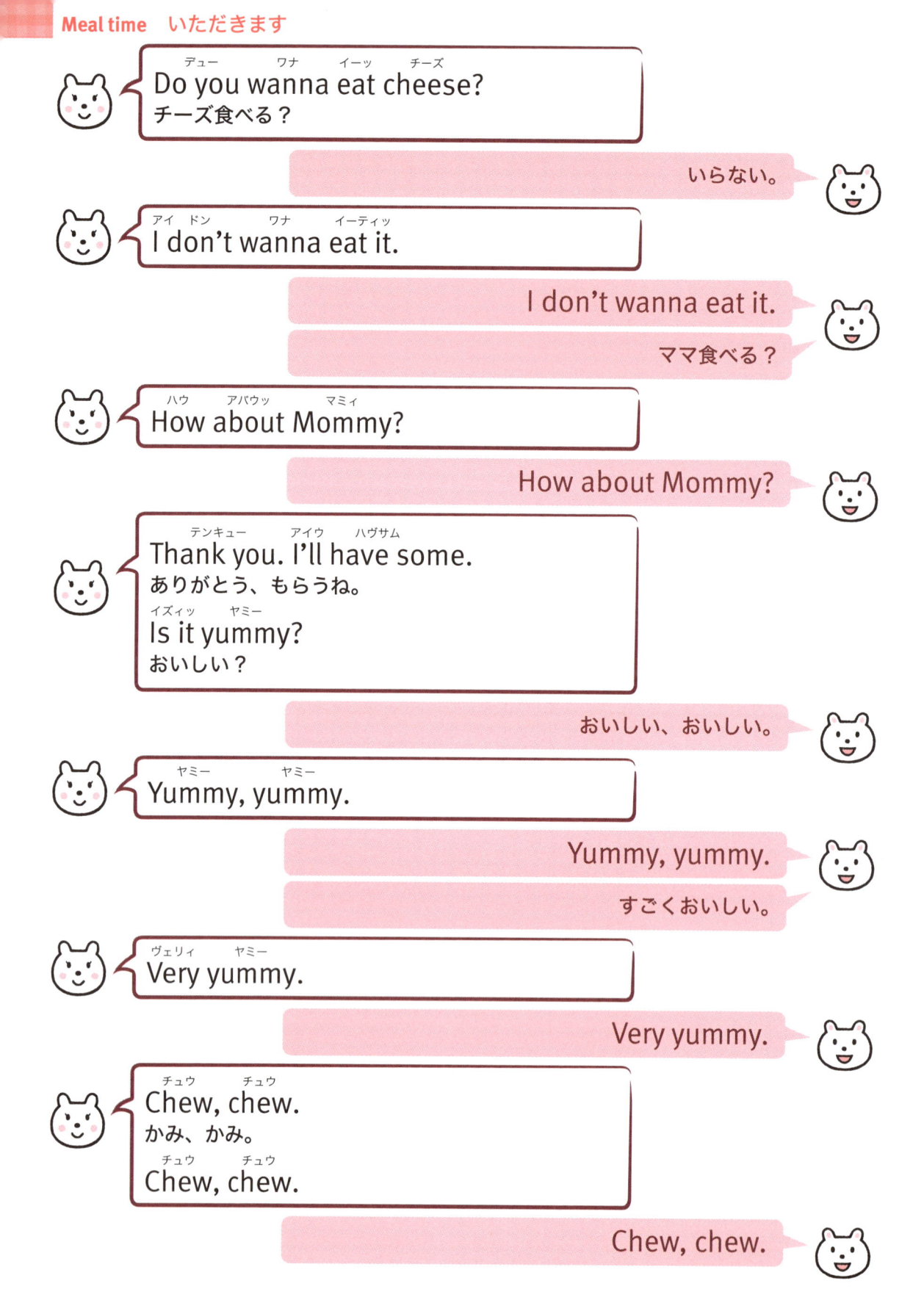

Meal time　いただきます

Do you wanna eat cheese?
チーズ食べる？

いらない。

I don't wanna eat it.

I don't wanna eat it.

ママ食べる？

How about Mommy?

How about Mommy?

Thank you. I'll have some.
ありがとう、もらうね。
Is it yummy?
おいしい？

おいしい、おいしい。

Yummy, yummy.

Yummy, yummy.

すごくおいしい。

Very yummy.

Very yummy.

Chew, chew.
かみ、かみ。
Chew, chew.

Chew, chew.

Meal time　いただきます

Pick it up.

ありがとう、ママ。

Thank you Mommy.

Thank you Mommy.

You're welcome.
はいはい。

もっとトースト食べたい。

One more please.

One more please.

One more piece of toast.
＊切ったりちぎったりする食べ物のとき

One more piece of toast.

もっと飲みたい。

More, please.
＊飲み物のとき

More, please.

Are you finished eating?
食べ終わったの？

食べ終わったよ。

Finished eating?

Finished eating.

One more mouthful.
もう一口食べて。

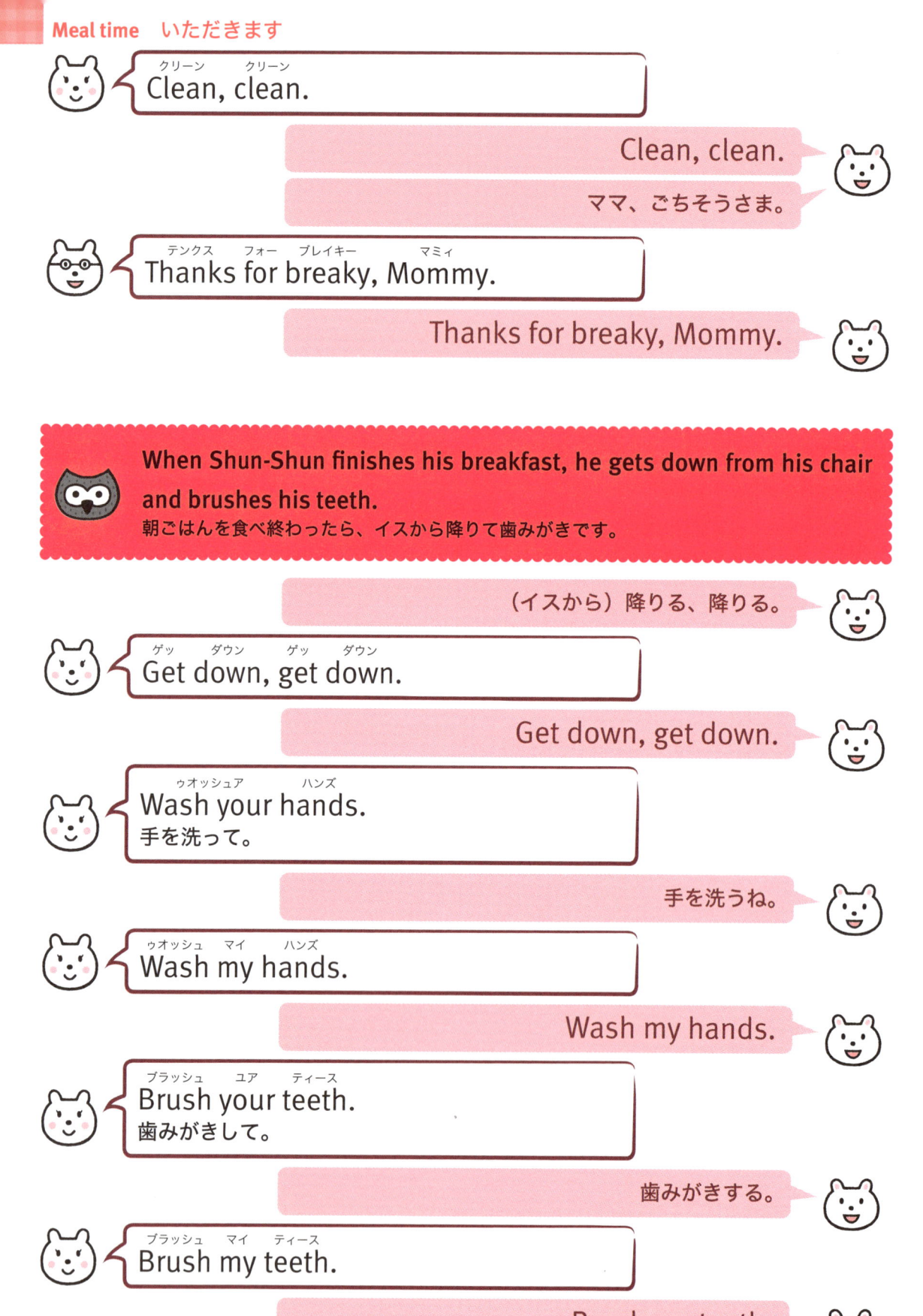

Meal time　いただきます

Clean, clean.
（クリーン　クリーン）

Clean, clean.

ママ、ごちそうさま。

Thanks for breaky, Mommy.
（テンクス　フォー　ブレイキー　マミィ）

Thanks for breaky, Mommy.

> When Shun-Shun finishes his breakfast, he gets down from his chair and brushes his teeth.
> 朝ごはんを食べ終わったら、イスから降りて歯みがきです。

（イスから）降りる、降りる。

Get down, get down.
（ゲッ　ダウン　ゲッ　ダウン）

Get down, get down.

Wash your hands.
（ウオッシュア　ハンズ）
手を洗って。

手を洗うね。

Wash my hands.
（ウオッシュ　マイ　ハンズ）

Wash my hands.

Brush your teeth.
（ブラッシュ　ユア　ティース）
歯みがきして。

歯みがきする。

Brush my teeth.
（ブラッシュ　マイ　ティース）

Brush my teeth.

What do you wanna drink? なに飲みたい？

Milk. ミルク。

こんなフレーズも使ってみよう。 Track 4

Daddy will cook breaky, okay?	パパが朝ごはんつくるからね。
Time for breaky.	朝ごはんの時間よ。
Breakfast.	朝ごはんよ。
Time for breakfast.	朝ごはんの時間よ。
Lunch time.	お昼の時間よ。
Dinner time.	夕ごはんの時間よ。
Wipe your face.	お顔ふいて。
Sausage.	ソーセージ。
Rice, please.	ごはんちょうだい。
Bread, please.	パンちょうだい。
It's hot.	熱いね。
It's fruity.	フルーティだね。
It's salty.	しょっぱいね。
It's sweet.	甘いね。
It's sour.	すっぱいね。
It's soft.	やわらかいね。
It's hard.	かたいね。
How about Daddy?	パパ食べる？
Slurp, slurp.	ツルツルッ（そばなどを食べるときの音）
Open your mouth.	お口開けて。
All gone.	全部なくなっちゃったわ。（ごはんや飲み物など）
Did you eat all your breaky?	朝ごはん全部食べた？
I ate all.	全部食べたよ。
Thank you Daddy.	ありがとう、パパ。
Tissue, please.	ティッシュちょうだい。
Thanks for breaky, Daddy.	パパ、ごちそうさま。
Say thanks to Mommy.	ママにごちそうさま言って。
Thank you Mommy.	ママごちそうさま。

今日も一日げんきに過ごせるかな？
Time to go
いってきます

Track 6

Time to go to Shun-Shun's nursery.
保育園に出かける時間です。

タイム トゥー ゴウ
Time to go.
いく時間よ。
　　　　　　　　＊保育園などに出かける場合。

タイム トゥー ゴウ
Time to go.

Time to go.

セイ バイ バイ トゥー ダディ
Say bye-bye to Daddy.
パパにいってらっしゃいして。

いってらっしゃい、パパ。

バイ バイ ダディ
Bye-bye Daddy.

Bye-bye Daddy.

ハヴァ グッ デイ シュン シュン
Have a good day, Shun-Shun.
いってきます、シュンシュン。
ビー ア グッ ボーイ フォー マミィ
Be a good boy for Mommy.
ママのいうこときくんだよ〜。

うん。

オウケイ
Okay.

Okay.

🦉 Now, they are at Shun-Shun's nursery.
保育園に到着です。

アイウ ピッキュー アッ
I'll pick you up.
ママが迎えにくるからね。

うん。

オウケイ
Okay.

Okay.

シー ユー レイター シュン シュン
See you later, Shun-Shun.
じゃあね、シュンシュン。
＊保育園などの別れ際に。

じゃあね、ママ。

シー ユー レイター マミィ
See you later, Mommy.

See you later, Mommy.

こんなフレーズも使ってみよう。 Track 7

タイム トゥー リーッ
Time to leave. いく時間よ。

ビー ア グッ ボーイ
Be a good boy. いい子にするんだよ。

ハヴァ グッデイ ダディ
Have a good day, Daddy. パパ、いってらっしゃい。

ダディ ウィウ ピッキューアッ バイ カー トゥナイッ
Daddy will pick you up by car tonight. パパが夜、車で迎えにくるからね。

おうちに帰ってたのしくあそぼう！

In the living room
リビングで

Track 8

 Shun-Shun is watching videos after coming home from his nursery.
保育園から帰ったシュンシュンが、リビングルームでビデオをみるところです。

トイストーリーみたい。

 アイ ワナ ウオッチ トイ ストーリイ
I wanna watch Toy Story.

I wanna watch Toy Story.

シュンシュンがつける。

 シュン シュン ターノン
Shun-Shun turn on.

Shun-Shun turn on.

 イツ ファン
It's fun.
おもしろいね。

おもしろいね。

 イツ ファン
It's fun.

It's fun.

 イツ ファニー
It's funny.
おかしいね。

26

In the living room　リビングで

 **Now, Shun-Shun asks Mommy to give him a snack.**
おやおや、今度はお菓子をママにおねだりしています。

お菓子食べる。

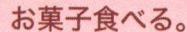
I want a snack.

I want a snack.

開けて。

Open, please.

Open, please.

アイ　ウオンタ　スナック（I want a snack.のふりがな）
オウプン　プリーズ（Open, please.のふりがな）
デュー　ウオンッ　マミィ　トゥードゥー　イッ
Do you want Mommy to do it?
ママに開けてほしい？

うん、ママが開けて。

イエス　マミィ　ドゥー　イッ
Yes, Mommy do it.

Yes, Mommy do it.

オウケイ　マミィ　ドゥー　イッ
Okay, Mommy do it.
オッケー、ママが開けてあげる。

ありがとう、ママ。

テンキュー　マミィ
Thank you, Mommy.

Thank you, Mommy.

 Next, Shun-Shun is building with his Lego bricks.
今度はレゴブロックでなにかつくるようです。

レゴ出して。

28

In the living room 　リビングで

Drawing a balloon.

 Color the balloon.
風船に色ぬって。

風船に色ぬる。

 Color the balloon.

Color the balloon.

 What color do you like?
何色がいい？

あか。

 Red.

Red.

風船に色をぬってるよ。

 I'm coloring the balloon.

I'm coloring the balloon.

こんなフレーズも使ってみよう。

Track 9

It's scary. 　怖いね。
One more time. 　もう一回。
Change the DVD. 　ちがうDVD見る。
I don't wanna watch it. 　それは見たくない。
Let's look together. 　いっしょに探そう。
Do you want Daddy to do it?
　パパにやってほしい？
Daddy do it. 　パパ、やって。

What are you building? 何をつくってるの？
Let's build a house. 　おうちをつくりましょう。
Give it to me. 　それちょうだい。
I made it. 　ぼくがつくったの。
I want paper. 　紙がほしい。
I want crayons. 　クレヨンがほしい。
Let's play, Mommy. 　ママ、遊ぼう。
Let's play, Daddy. 　パパ、遊ぼう。

Exercise 1 | Greetings

英語もやっぱり、あいさつが基本。

こんにちは。
Hello. How are you?

はじめまして。
Nice to meet you.

おはよう。
Good morning.

こんにちは。
Good afternoon.

こんばんは。
Good evening.

おやすみ。
Good night.

さようなら。
Good-bye.

またね。
See you.

オッケー。
Okay.

ありがとう。
Thank you.

ごめんなさい。
I'm sorry.

すみません。
Excuse me.

もうすぐひとりでできるかな？

Toilet training/ Potty training

トイレにいこう

Track 10

Shun Shun is training on the potty.
シュンシュンは今、トイレトレーニングの真っ最中です。

イフユー　ウィー　オア　プー　プリーズ　テウ　アス
If you wee or poo, please tell us.
おしっこやウンチしたら教えてね。

おしっこ。

ウィー　ウィー
Wee-wee.

Wee-wee.

もれちゃった。

ウエッ　ナッピー
Wet nappy.

＊おむつのことを、アメリカでは **diaper** というのが一般的です。

Wet nappy.

おむつ替える。

チェインジ　ダ　ナッピー
Change the nappy.

Change the nappy.

ママ、替えて、替えて。

Mommy, change, change.

Mommy, change, change.

Get a nappy for me?
おむつ、とってくれる？

うん。

Okay.

Okay.

Good boy.
いい子ね。
Put on some cream.
クリームぬっとくね。
　＊ **nappy rash** ＝ おむつかぶれしている時など

トイレいく。

Go to the toilet.

Go to the toilet.

Poo-poo?
ウンチ？

ウンチ。

Poo-poo.

Poo-poo.

Set up your potty seat.
シュンシュンのシート（トレーニング用の）をのせて。

シュンシュンがシートのせる。

Toilet training/Potty training　トイレにいこう

Put your seat away.
シュンシュンのシートはずして。
Wash your hands.
手を洗って。

手を洗う。

Wash my hands.

Wash my hands.

If you wee or poo, please tell us.
おしっこやウンチしたら教えてね。

Wet nappy.
もれちゃった。

こんなフレーズも使ってみよう。

Track 11

Mommy, need to wee-wee.
ママ、おしっこ。

Put the seat up. シート(大人用)を上げて。

Put the seat down.
シート(大人用)を下げて。

Hold onto your potty seat.
シートにつかまってね。

Put on some powder. パウダーぬっとくね。

Smelly, Shun-Shun.
くさいよ、シュンシュン。

お外でからだをつかって元気にあそぼう

Off to the park
こうえんであそぼう

Track 12

On holidays, Shun-Shun and Mommy go to the park.
お休みの日は、ママとこうえんにいきます。

Sunny day.
晴れてるね。
Sunny day.

Sunny day.

It's hot.
暑いね。
It's hot.

It's hot.

ママ、おそといこう。

Let's go outside, Mommy.

Let's go outside, Mommy.

Okay. Let's go.
オッケー、いこう。

こうえんいく。

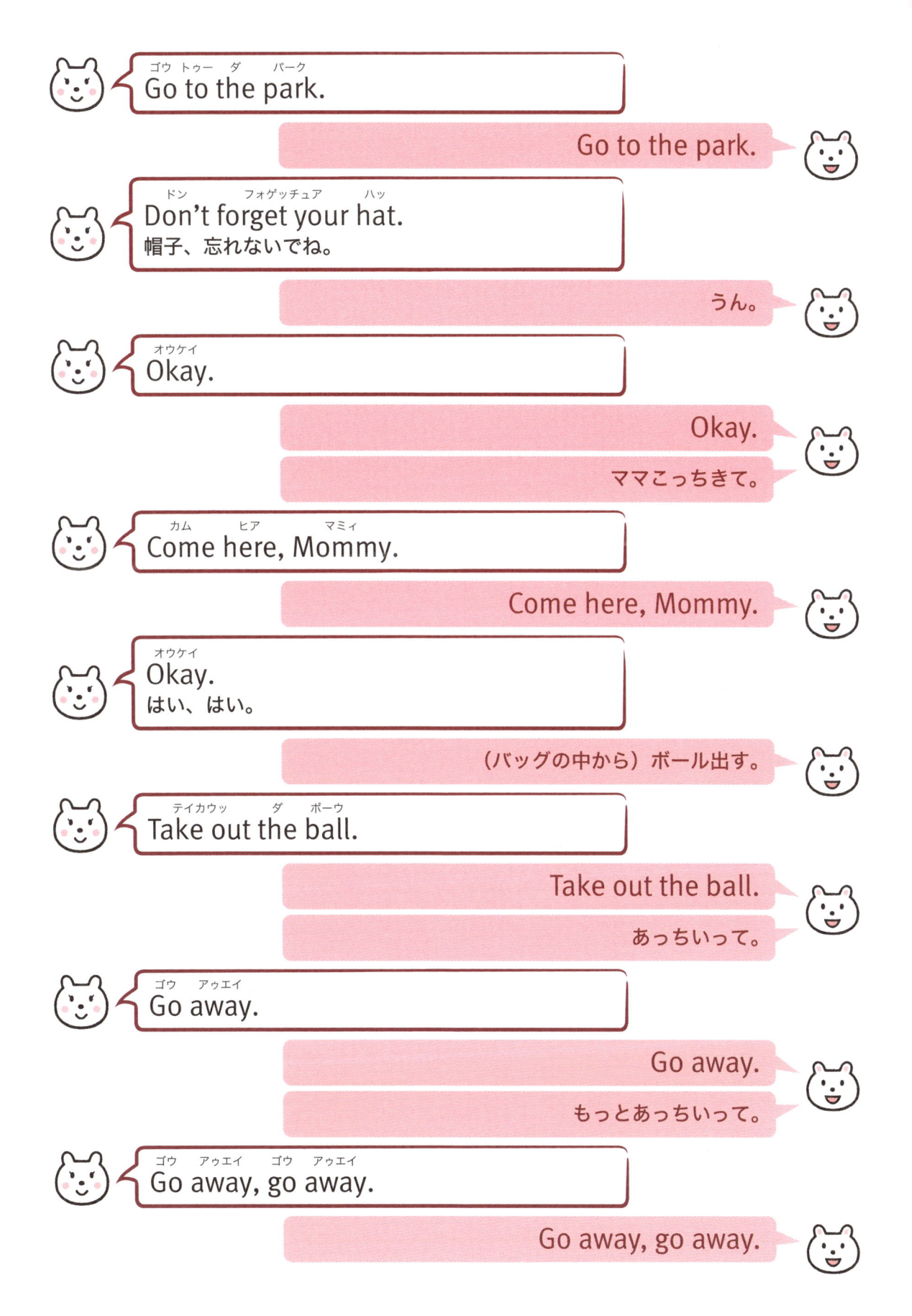

Go to the park.

Go to the park.

Don't forget your hat.
帽子、忘れないでね。

うん。

Okay.

Okay.

ママこっちきて。

Come here, Mommy.

Come here, Mommy.

Okay.
はい、はい。

(バッグの中から) ボール出す。

Take out the ball.

Take out the ball.

あっちいって。

Go away.

Go away.

もっとあっちいって。

Go away, go away.

Go away, go away.

Off to the park　こうえんであそぼう

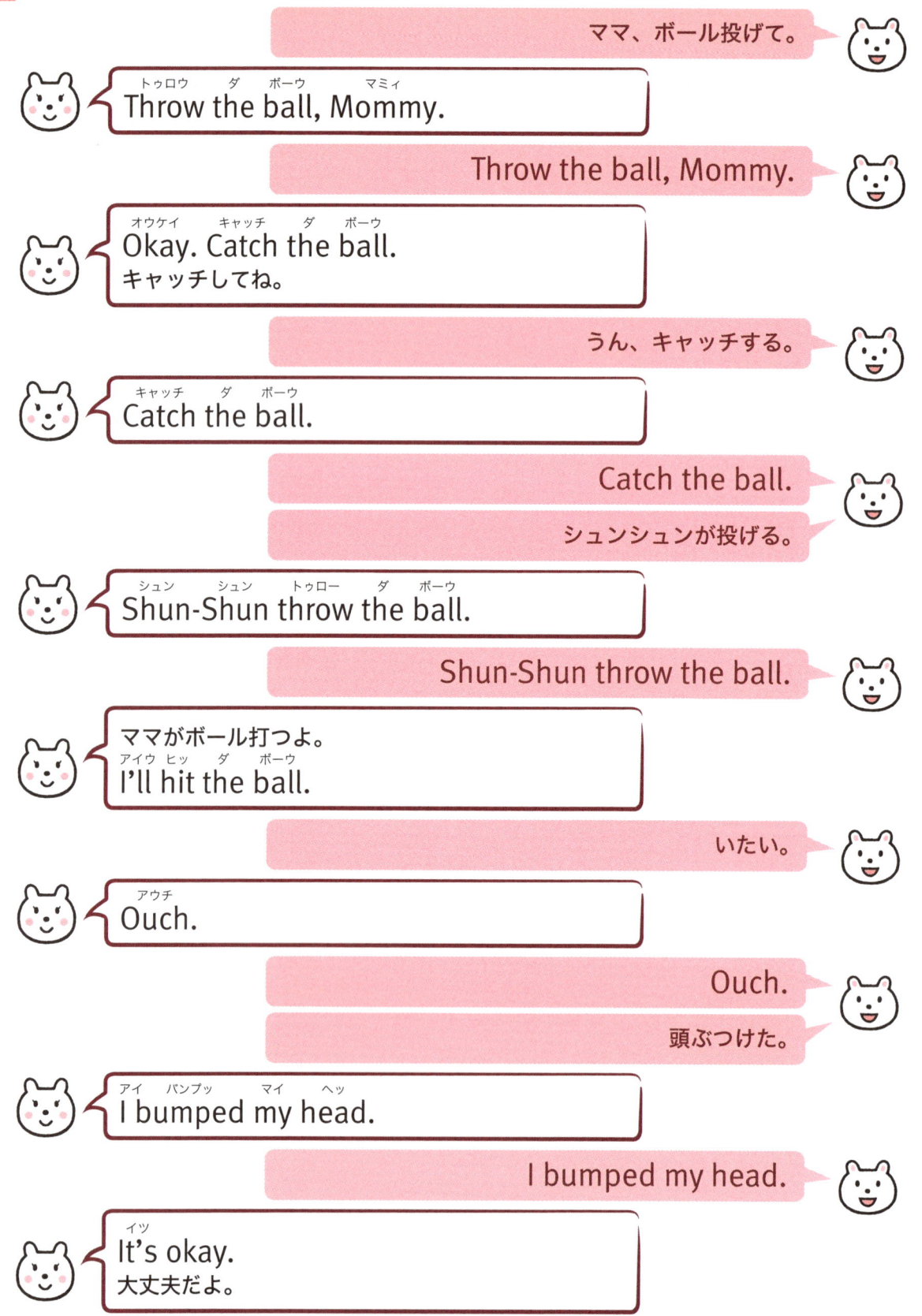

> ママ、ボール投げて。

> Throw the ball, Mommy.
> トゥロウ　ダ　ボーウ　マミィ

> Throw the ball, Mommy.

> Okay. Catch the ball.
> オウケイ　キャッチ　ダ　ボーウ
> キャッチしてね。

> うん、キャッチする。

> Catch the ball.
> キャッチ　ダ　ボーウ

> Catch the ball.

> シュンシュンが投げる。

> Shun-Shun throw the ball.
> シュン　シュン　トゥロー　ダ　ボーウ

> Shun-Shun throw the ball.

> ママがボール打つよ。
> I'll hit the ball.
> アイウ　ヒッ　ダ　ボーウ

> いたい。

> Ouch.
> アウチ

> Ouch.

> 頭ぶつけた。

> I bumped my head.
> アイ　バンプッ　マイ　ヘッ

> I bumped my head.

> It's okay.
> イッ
> 大丈夫だよ。

38

Don't cry.
泣かないで。
Let's go on the swing.
ブランコ乗りにいこうよ。

ブランコ乗りにいく。

Go on the swing.

Go on the swing.

Swing, swing.
ゆら、ゆら。
Swing, swing.

Swing, swing.

After playing, Shun-Shun is thirsty.
遊んだら、のどが乾きました。

お水飲む。

Water, please.

Water, please.

Here you are.
はい。

Now, they run to the slide.
今度はすべり台までママとかけっこです。

すべり台いく。

Go on the slide.

Off to the park　こうえんであそぼう

> Go on the slide.

> Let's run to the slide.
> すべり台まで走っていこう。
> Ready, set, go.
> 位置について、ヨーイ、ドン。
> Ready, set, go.

> Ready, set, go.

> I'll catch you, Shun-Shun.
> つかまえるよ、シュンシュン。
> Wait, Shun-Shun.
> 待って、シュンシュン。
> Gotcha.
> つかまえた。
>
> ＊ **I got you.** と同じ
>
> You can run fast.
> 早く走れるね。

> 早く走れるよ。

> I can run fast.

> I can run fast.

> Can you play on the slide?
> すべり台できる？

> できるよ。

> I can do it.

> I can do it.

Slide, slide.
すべる〜、すべる〜。
Slide, slide.

Slide, slide.

There's an ice cream stall near the slide.
すべり台の近くに、アイスクリームのお店があります。

Ice cream time?
アイスにしようか。

アイス食べる。

I wanna eat ice cream.

I wanna eat ice cream.

I'll buy you one.
買ってあげるね。
It's melting.
とける、とける。
It's melting.

It's melting.

Mommy finds something.
ママがなにかを見つけます。

Shun-Shun, look at the big dog.
シュンシュン、あの大きな犬をみてごらん。
That dog is big.
あの犬、大きいね。
That dog is big.

41

Off to the park　こうえんであそぼう

- That dog is big.
- Big dog.　大きな犬。　Big dog.
- Big dog.
- Big black dog.　大きな黒い犬。　Big black dog.
- Big black dog.
- Can you see the green bird?　あのみどり色の鳥が見える？
- どこ？
- Where?
- Where?
- Over there, at the top of that tree.　あそこ、木のてっぺん。
- 見えた。
- I can see the bird.
- I can see the bird.
- That bird is green.　あの鳥はみどり色。　That bird is green.
- That bird is green.

Green bird.
みどり色の鳥。
Green bird.

Green bird.

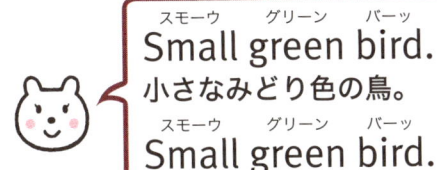

Small green bird.
小さなみどり色の鳥。
Small green bird.

Small green bird.

Small Shun-Shun.
小さいシュンシュン。
Small Shun-Shun.

Small Shun-Shun.

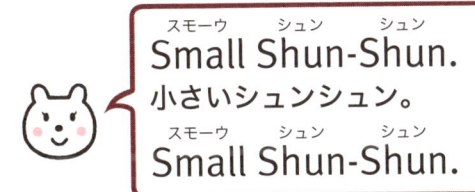

Big tree.
大きな木。
Big tree.

Big tree.

Track 13 こんなフレーズも使ってみよう。

Go outside?	外いく？	Shun-Shun do it.	シュンシュンがやる。
Let's play in the sand pit.	砂場で遊ぼう。	Shun-Shun's turn.	シュンシュンの番だよ。
I forgot my bucket.	バケツ忘れちゃった。	Calm down.	落ちついて。
Let's make a sand castle.	砂のお城つくろう。	Scary.	怖いよ。
Can I use your shovel?	シャベル貸して。	Share, please.	いっしょに使ってちょうだい。
Come here, Daddy.	パパ、こっちきて。	Shun-Shun, do you wanna get in to the boat?	シュンシュン、ボートに乗りたい？
Let's bounce the ball.	ボールぽんぽんしよう。		
Roll the ball.	ボール転がして。	Beautiful flowers.	きれいなお花。
Don't do it, Mommy.	ママ、やらないで。	Tall tree.	高い木。

ママと手をつないで出かけよう！
Going shopping
おかいものにいこう

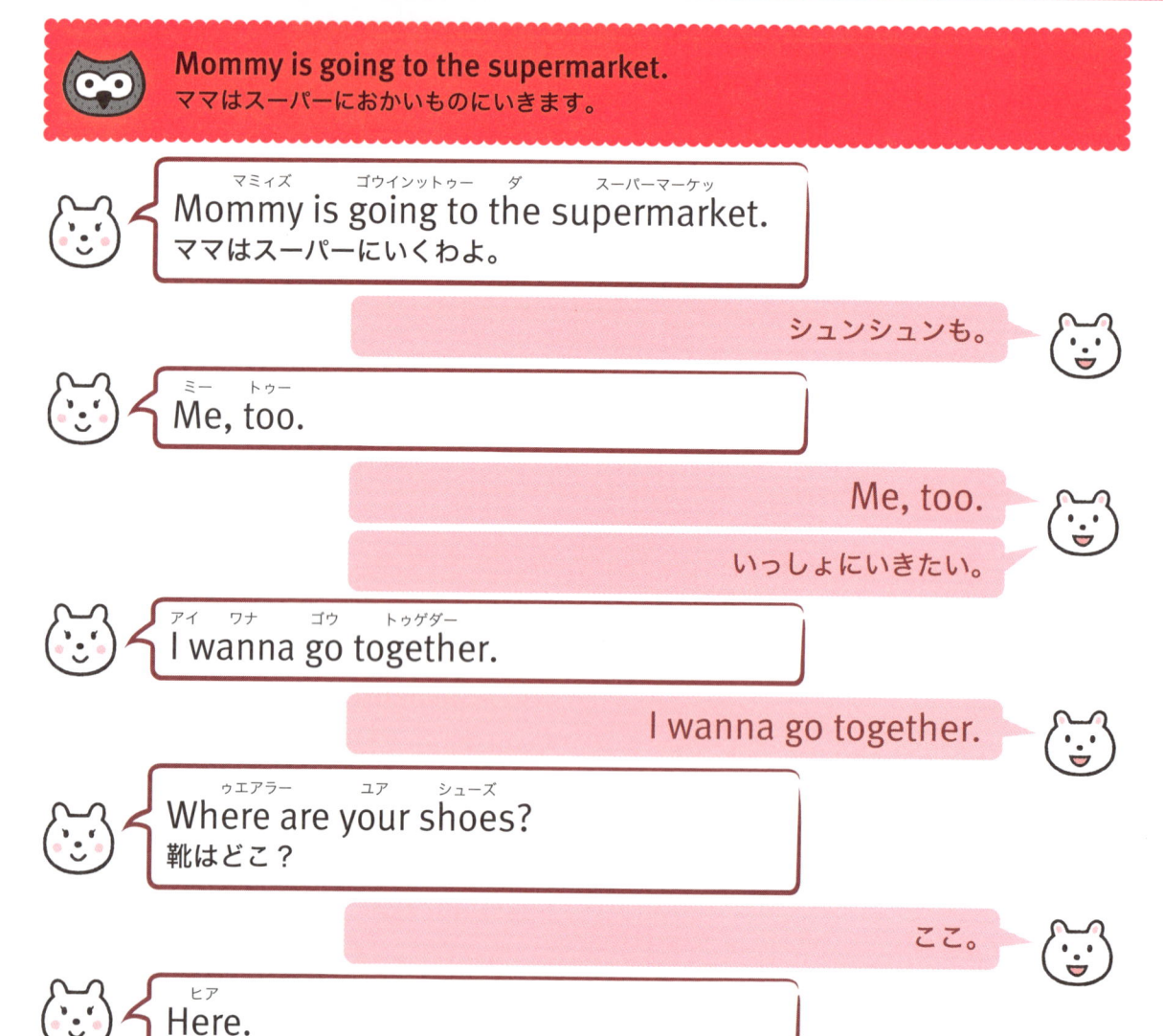

Track 15

Mommy is going to the supermarket.
ママはスーパーにおかいものにいきます。

Mommy is going to the supermarket.
ママはスーパーにいくわよ。

シュンシュンも。

Me, too.

Me, too.

いっしょにいきたい。

I wanna go together.

I wanna go together.

Where are your shoes?
靴はどこ？

ここ。

Here.

Here.

	シュンシュンの靴。
Shun-Shun's shoes.	
	Shun-Shun's shoes.
Put on your shoes. 靴はいてね。	
	はけるよ。
I can do it.	
	I can do it.
	シュンシュンの帽子はどこ？
Where's Shun-Shun's hat?	
	Where's Shun-Shun's hat?
Here you are. はい。	
	これじゃない。
Not this one.	
	Not this one.
Do you want a different one? ちがうのがいいの？	
	うん、赤いの。
Yes, red one.	
	Yes, red one.

Going shopping　おかいものにいこう

- It's hot.
  暑いね。
  It's hot.

- It's hot.

- Do you wanna go in the stroller or walk?
  ベビーカーに乗る？それとも歩く？

- 歩く。

- Walking?

- Walking.

- Hold Mommy's hand.
  ママと手をつないで。

- シュンシュンと手をつないで。

- Hold Shun-Shun's hand.

- Hold Shun-Shun's hand.

- Okay. I'll hold your hand.
  オッケー、シュンシュンと手をつなぐね。

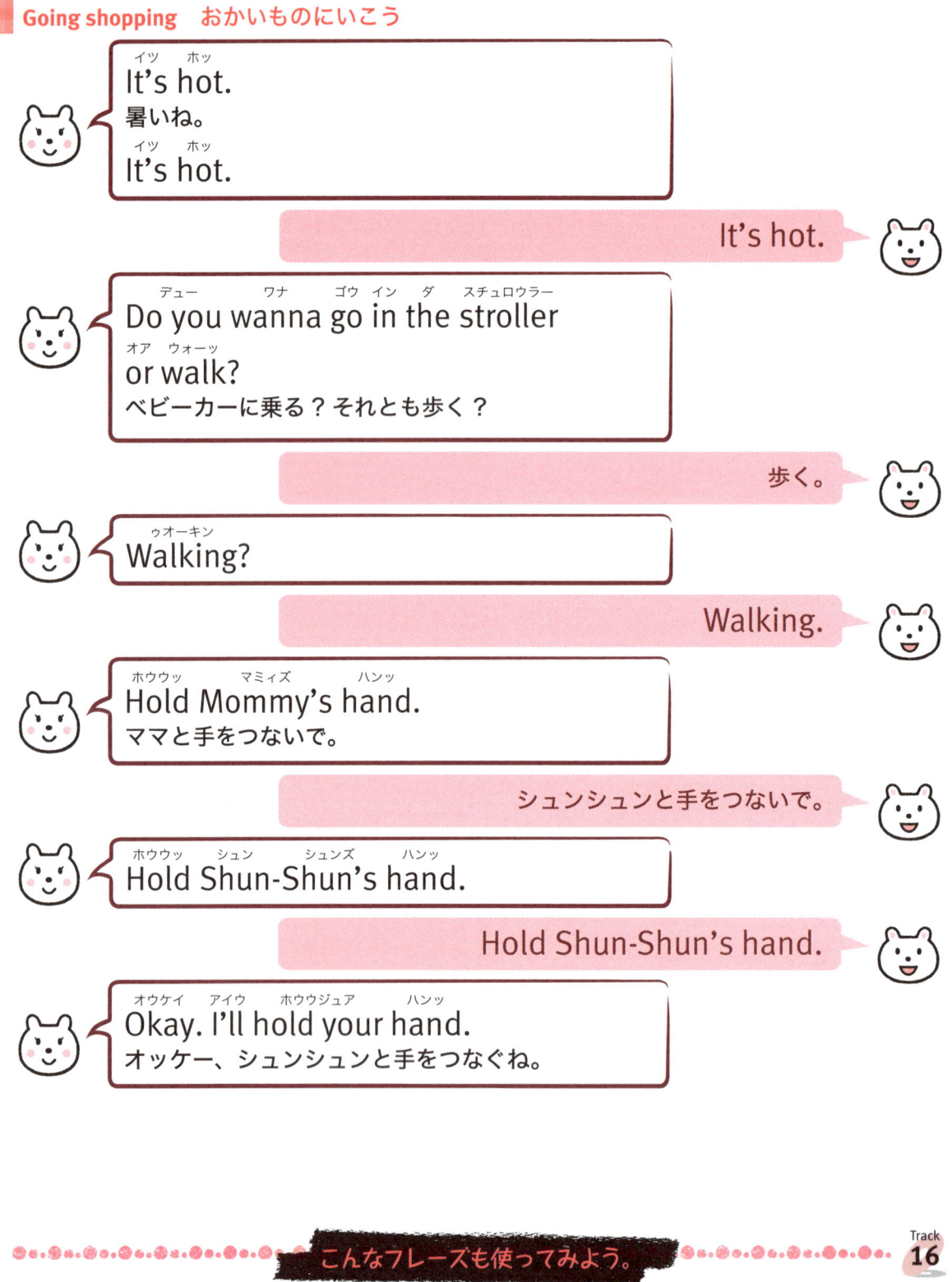

こんなフレーズも使ってみよう。 　Track 16

Stop here. 　ここで止まろう。
Look left, look right, look both ways. 　左、右、両方見てね。

Is it safe? 　安全かな？
Let's cross the road. 　さあ、渡ろう。
Look out for the bike. 　自転車に気をつけて。

Exercise 2 | **5Ws and 1H**

「いつ」「どこで」「誰が」「何を」「どうして」「どうやって」を使いこなそう。

お誕生日はいつ？
When is your birthday?

6月16日。
My birthday is June 16 .

どこに行くの？
Where are you going?

おばあちゃんの家。
I'm going to Grandma's.

あの男の子は誰？
Who is that boy?

マサトだよ。
He's Masato.

なにが欲しい？
What do you want?

ミルクがほしい。
I want milk.

なんで泣いてるの？
Why are you crying?

クルマが見つからないの。
I can't find my car.

これ、どうやってつくったの？
How did you make this?

パパが手伝ってくれたんだよ。
Daddy helped me.

なんさい？
How old are you?

3歳。
I'm three.

どっちがいい？
Which do you like?

こっちがいい。
This one.

47

スーパーにはほしいものがいっぱい！

In the shop
これがほしい！

Track 17

Shun-Shun and Mommy go into the supermarket.
シュンシュンとママは、スーパーの中に入ります。

Do you wanna sit in the cart?
（デュー ワナ シッティン ダ カーッ）
カートに乗る？

乗る。

Sit in the cart.
（シッティン ダ カーッ）

Sit in the cart.

Carry the basket?
（キャリィ ダ バスケッ）
バスケットもつ？

バスケットもつ。

Carry the basket.
（キャリィ ダ バスケッ）

Carry the basket.

Don't touch anything.
（ドンッ タッチ エニティン）
売っているものに触らないでね。

Don't touch.
（ドン タッチ）

48

Don't touch.

ママ、ミルク欲しい。

I want milk, Mommy.

I want milk, Mommy.

Okay. I'll buy you some milk.
オッケー、ミルク買ってあげるよ。

> **They are at the counter.**
> かいものを終えて、レジに並びます。

シュンシュンが払う。

Shun-Shun pay.

Shun-Shun pay.

お金、お金。

Money, money.

Money, money.

Here you are.
はい。

シュンシュンがもつ。

Shun-Shun carry.

Shun-Shun carry.

（商品にテープを貼ってもらう）シール、シール。

Sticker, sticker.

In the shop　これがほしい！

Sticker, sticker.

Don't touch anything.
売っているものにさわらないでね。

Sorry
ごめんなさい。

こんなフレーズも使ってみよう。　Track 18

Go to the supermarket.　スーパーいく。
Stop running.　走らないで。
I wanna push it.　ぼくが押す。
（ショッピングカートなど）
Excuse me.　すみませ〜ん。
（お店の人を呼んだり、道をあけてもらうとき）

Sorry.　ごめんなさい。
Buy me some juice.　ジュース買って。
I wanna carry.　ぼくがもつ。
I wanna pay.　ぼくが払う。

50

Exercise 3 | Body parts

着替えるときや、おふろの時間に、カラダの部分を英語で言ってみよう。

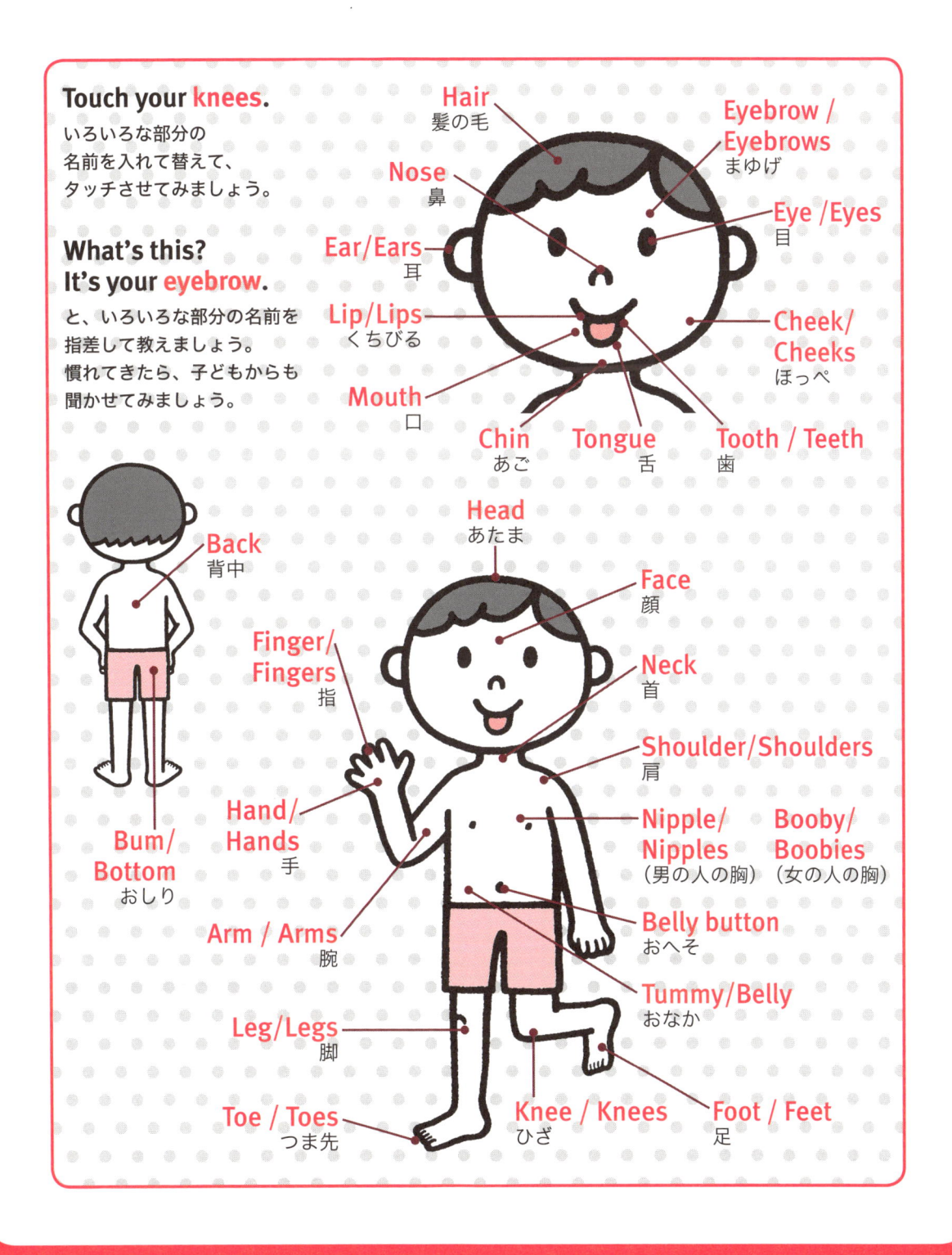

Touch your knees.
いろいろな部分の名前を入れて替えて、タッチさせてみましょう。

What's this? It's your eyebrow.
と、いろいろな部分の名前を指差して教えましょう。慣れてきたら、子どもからも聞かせてみましょう。

- Hair 髪の毛
- Eyebrow / Eyebrows まゆげ
- Nose 鼻
- Eye / Eyes 目
- Ear / Ears 耳
- Cheek / Cheeks ほっぺ
- Lip / Lips くちびる
- Mouth 口
- Chin あご
- Tongue 舌
- Tooth / Teeth 歯
- Back 背中
- Head あたま
- Face 顔
- Finger / Fingers 指
- Neck 首
- Shoulder / Shoulders 肩
- Hand / Hands 手
- Nipple / Nipples（男の人の胸）
- Booby / Boobies（女の人の胸）
- Bum / Bottom おしり
- Arm / Arms 腕
- Belly button おへそ
- Tummy / Belly おなか
- Leg / Legs 脚
- Knee / Knees ひざ
- Foot / Feet 足
- Toe / Toes つま先

だいすきなパパがお仕事からかえってきたよ！

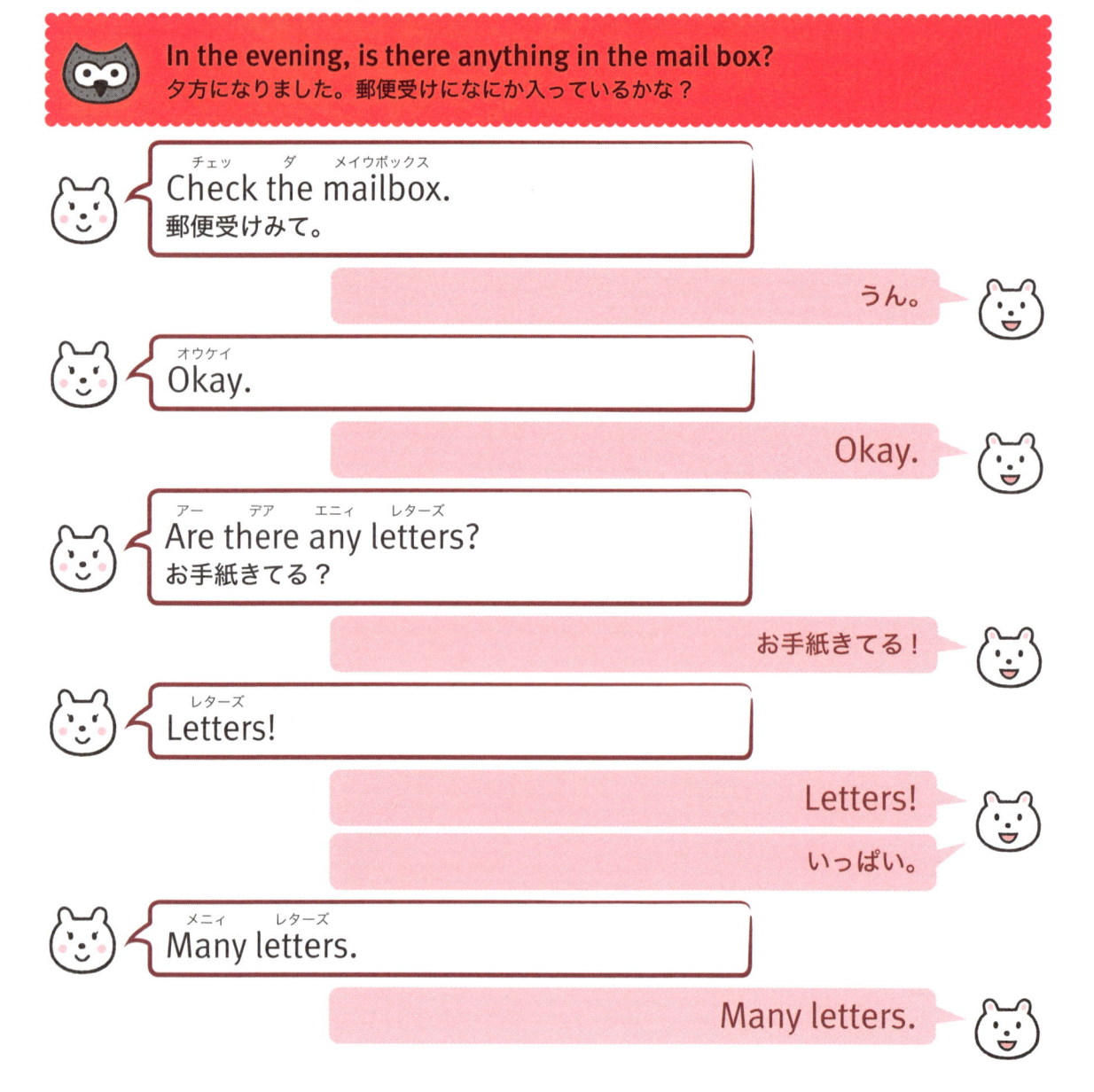

In the evening
パパ、おかえり！

Track 19

> In the evening, is there anything in the mail box?
> 夕方になりました。郵便受けになにか入っているかな？

Check the mailbox.
（チェッ ダ メイウボックス）
郵便受けみて。

うん。

Okay.
（オウケイ）

Okay.

Are there any letters?
（アー デア エニィ レターズ）
お手紙きてる？

お手紙きてる！

Letters!
（レターズ）

Letters!

いっぱい。

Many letters.
（メニィ レターズ）

Many letters.

Newspaper?
新聞は？

新聞あった。

Newspaper.

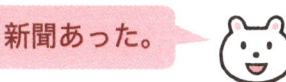

Newspaper.

Shun-Shun can't wait for Daddy to come home.
シュンシュンはパパの帰りが待ち遠しいようです。

パパいつ帰ってくるの？

What time will Daddy come home?

What time will Daddy come home?

Daddy will come home soon.
パパはもうすぐ帰ってくるわよ。
Daddy will come home soon.

Daddy will come home soon.

Ding dong, ding dong..
ピンポーン , ピンポーン。
Ding dong, ding dong..

Ding dong, ding dong..

Who's there?
どなたですか？
Who's there?

Who's there?

In the evening パパ、おかえり！

It's Daddy.
パパだよ。
It's Daddy!

It's Daddy!

Please come in.
おかえり〜。
Please come in.

Please come in.

I'm home Shun-Shun.
ただいま、シュンシュン。

おかえり、パパ。

Welcome home, Daddy.

Welcome home, Daddy.

Did you have a good day, Shun-Shun?
今日は楽しかった、シュンシュン？

うん。

Yes.

Yes.

楽しかった。

Good day.

Good day.

Good day, Daddy?
パパは楽しかった？
Good day, Daddy?

Good day, Daddy?

Yes, good day.
楽しかったよ。
What did you do today?
今日はなにをしたの？

スイミング。

Swimming.

Swimming.

Where did you go today?
今日はどこにいったの？

こうえん。

Park.

Park.

Did you go to the big park?
大きいこうえんにいったの？

うん。

Yes.

Yes.

Telephone ringing.
電話だわ。

In the evening パパ、おかえり！

電話、電話。

Telephone ringing, telephone ringing.
(テレフォウン リンギン テレフォウン リンギン)

Telephone ringing, telephone ringing.

誰から？

Who's calling?
(フーズ コーリンッ)

Who's calling?

おばあちゃんからよ。
Grandma's calling.
(グランマズ コーリンッ)

Grandma's calling.

Shun-Shun is talking with Grandma on the phone.
シュンシュンはおばあちゃんと電話で話しています。

おばあちゃん、元気？

How's grandma?
(ハウズ グランマ)

How's grandma?

うん、シュンシュンも元気だよ。

Yes, I'm good.
(イエス アイム グッ)

Yes, I'm good.

Track 20

こんなフレーズも使ってみよう。

No letters. (ノウ レターズ)　　お手紙ない。
Walking. (ウォーキンッ)　　お散歩。
Rythmique. (リトゥミック)　　リトミック。
Shopping. (ショッピンッ)　　おかいもの。

Zoo. (ズー)　　動物園。
Tell me about your day. (テウ ミー アバウチュア デイ)　今日のこと教えて。
How's grandpa? (ハウズ グランパ)　おじいちゃん、元気？
I'm well. (アイム ウェウ)　元気だよ。

56

Exercise 4 : Family tree

家族の呼び名について覚えよう。

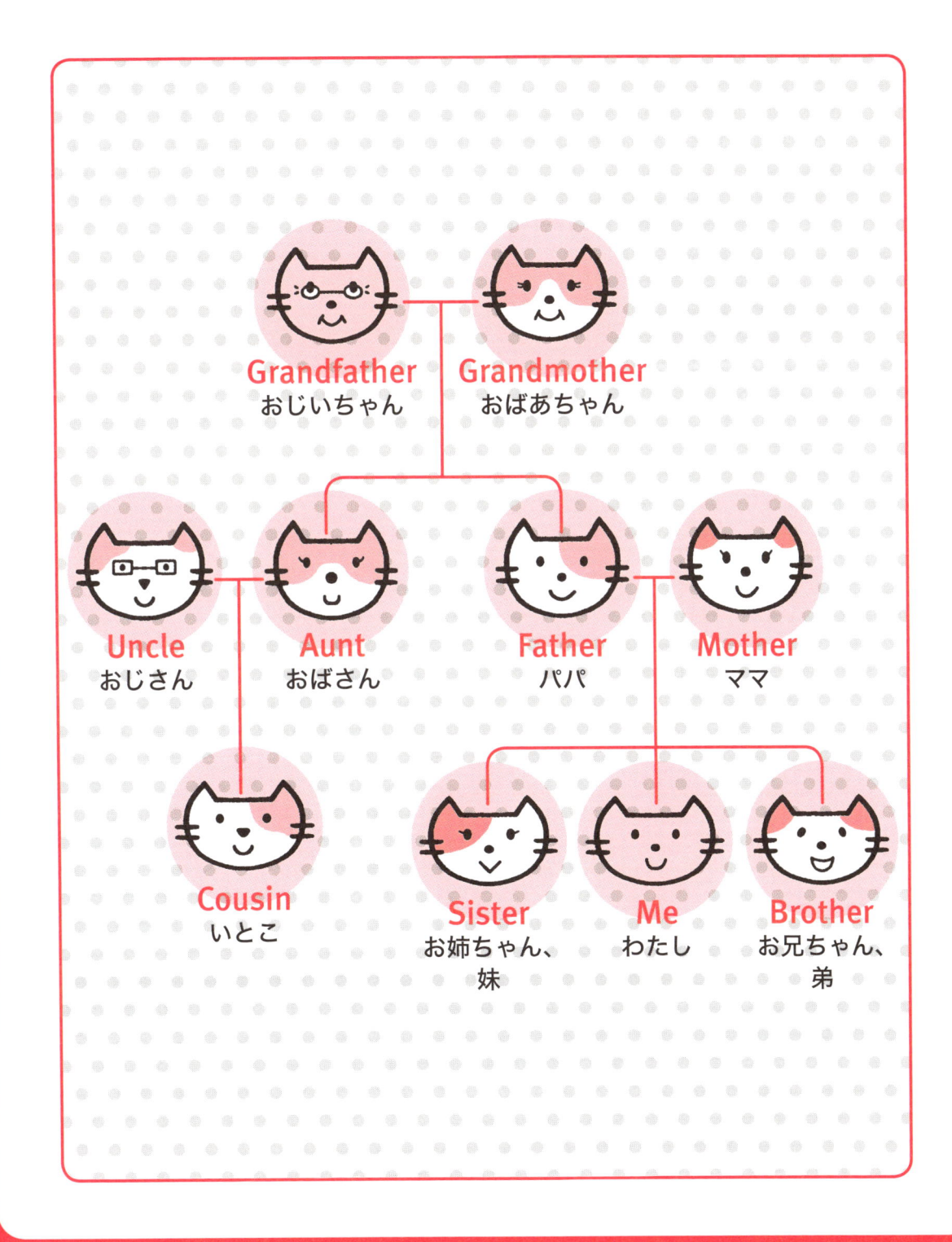

- **Grandfather** おじいちゃん
- **Grandmother** おばあちゃん
- **Uncle** おじさん
- **Aunt** おばさん
- **Father** パパ
- **Mother** ママ
- **Cousin** いとこ
- **Sister** お姉ちゃん、妹
- **Me** わたし
- **Brother** お兄ちゃん、弟

10

おふろはあったかくて気持ちがいいね！

Bath time
おふろのじかんだよ

Track 21

Mommy gives Shun-Shun a bath.
ママがシュンシュンをおふろに入れます。

Time for your bath, Shun-Shun.
おふろよ、シュンシュン。

ママといっしょに。

Mommy together.

Mommy together.

Take off your clothes.
お洋服脱いで。

シュンシュンが脱ぐ。

Shun-Shun take off.

Shun-Shun take off.

Wash, wash, wash.
ゴシ、ゴシ、ゴシ。
Wash, wash, wash.

58

Wash, wash, wash.

ママの背中洗う〜。

Wash Mommy's back.
（ウオッシュ マミィズ バッ）

Wash Mommy's back.

Thank you, Shun-Shun.
（テンキュー シュン シュン）
ありがとう、シュンシュン。
Rinse, rinse, rinse.
（ゥリンス ゥリンス ゥリンス）
流そう、流そう、流そう。
Rinse, rinse, rinse.
（ゥリンス ゥリンス ゥリンス）

Rinse, rinse, rinse.

Let me wash your hair.
（レッミー ウオッシュア ヘア）
髪洗わせてね。
Close your eyes.
（クオウジュア アイズ）
目をつぶって。

目をつぶる。

Close my eyes.
（クオウズ マイ アイズ）

Close my eyes.

Swim in the bath.
（スウィミン ダ バッ）
おふろの中で泳ごう。
Swim, swim, swim.
（スウィム スウィム スウィム）

Swim, swim, swim.

Splash, splash, splash.
（スプラッシュ スプラッシュ スプラッシュ）
パシャ、パシャ、パシャ。
Splash, splash, splash.
（スプラッシュ スプラッシュ スプラッシュ）

Bath time　おふろのじかんだよ

Splash, splash, splash.

Squirt, squirt, squirt.
スクゥワーッ　スクゥワーッ　スクゥワーッ
プシュ、プシュ、プシュ。
＊**squirt** は、シャワーやホースから水が出る感じ。
Squirt, squirt, squirt.
スクゥワーッ　スクゥワーッ　スクゥワーッ

Squirt, squirt, squirt.

Get out of the bath.
ゲッタウトヴ　ダ　バッ
おふろから出て。

まだ入ってる。

Stay in the bath.
ステイ　イン　ダ　バッ

Stay in the bath.

Get out.
ゲッタウッ
出るよ。
Get out.
ゲッタウッ

Get out.

Dry, dry, dry.
ジュライ　ジュライ　ジュライ
ふき、ふき、ふき。
Dry, dry, dry.
ジュライ　ジュライ　ジュライ

Dry, dry, dry.

Put on your nappy.
プットンニュア　ナッピィ
オムツはいて。

シュンシュンがはく。

Shun-Shun put on.
シュン　シュン　プットン

Shun-Shun put on.

60

Put on your clothes.
お洋服きて。

シュンシュンがきる。

Shun-Shun put on.

Shun-Shun put on.

Brush your hair.
髪をとかそう。
Brush my hair.

Brush my hair.

Rinse, rinse, rinse.
流そう、流そう、流そう。

Wash, wash, wash.
ゴシ、ゴシ、ゴシ。

こんなフレーズも使ってみよう。

Track 22

Let's have a shower. シャワー浴びよう。
Take off your pajamas. パジャマぬいで。
Wash my body. からだゴシゴシ。

Wash my toes. あんよゴシゴシ。
Nudie Rudie. こらこら。
Comb your hair. くしで髪をとかそう。

11

今日もママのお話が聞けるかな？

Bed time
おやすみなさい

Track 24

At eight in the evening, it's time for bed.
午後8時、ねるじかんです。

Shun-Shun, are you sleepy?
シュンシュン、ねむいの？

ねむい。

I'm sleepy.

I'm sleepy.

Well, clean up.
じゃあ、かたづけよう。

うん。

Clean up.

Clean up.

Put your toys away, Shun-Shun.
シュンシュン、おもちゃしまって。

うん、おもちゃしまう。

Put my toys away.

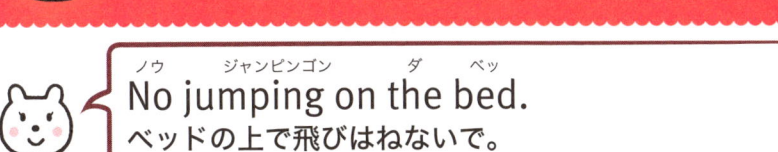

Put my toys away.

Put them back where they were.
あったところに戻してね。

わかった。

Okay.

Okay.

Go to bed?
寝る？

寝る。

Go to bed.

Go to bed.

Go to Shun-Shun's room.
シュンシュンのお部屋いこう。

シュンシュンのお部屋いく。

Go to Shun-Shun's room.

Go to Shun-Shun's room.

When Shun-Shun is in the bed, he wants to play.
ベッドに入ると、シュンシュンは遊びたくなりました。

No jumping on the bed.
ベッドの上で飛びはねないで。

63

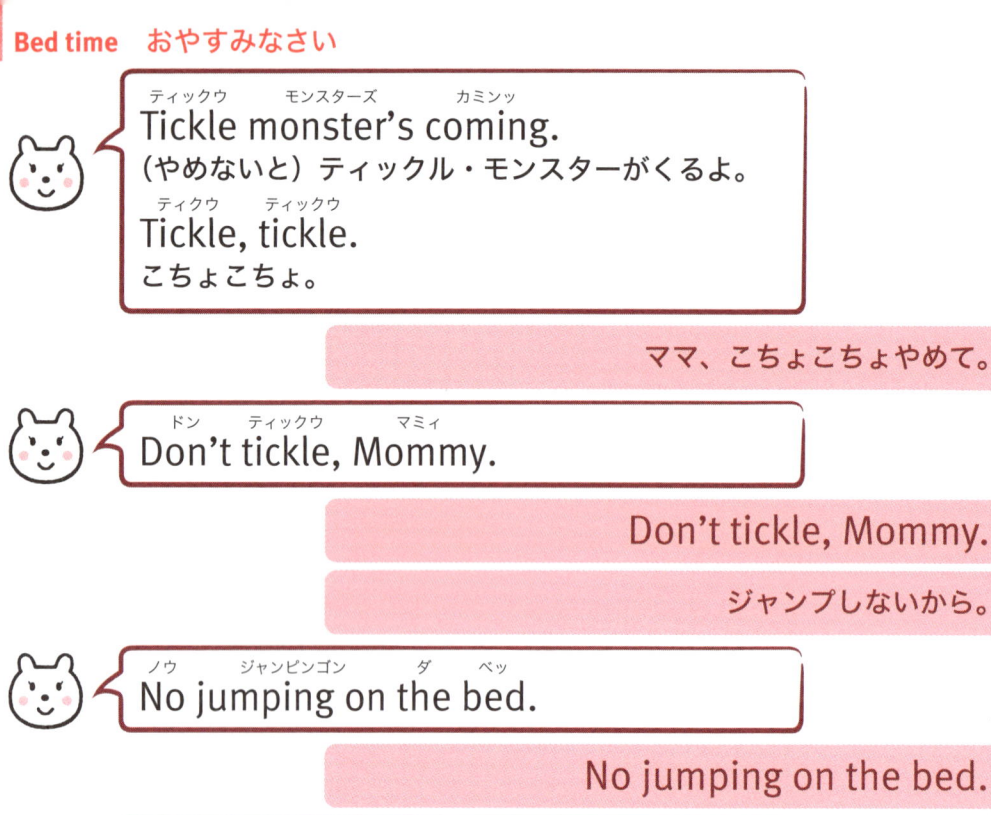

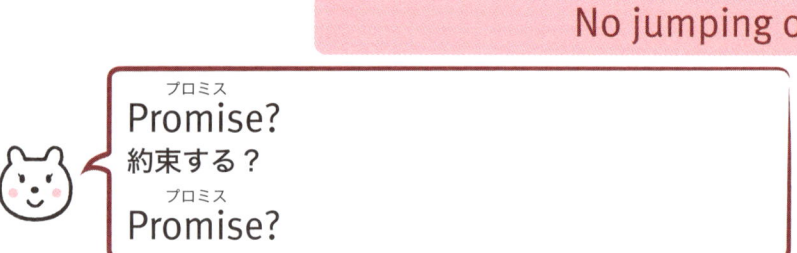

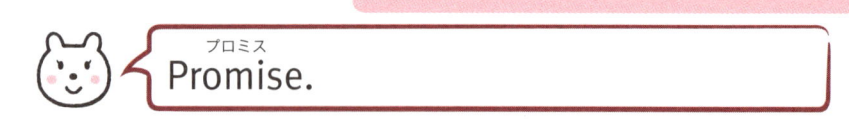

Bed time　おやすみなさい

Tickle monster's coming.
（やめないと）ティックル・モンスターがくるよ。
Tickle, tickle.
こちょこちょ。

ママ、こちょこちょやめて。

Don't tickle, Mommy.

Don't tickle, Mommy.

ジャンプしないから。

No jumping on the bed.

No jumping on the bed.

Promise?
約束する？
Promise?

約束する。

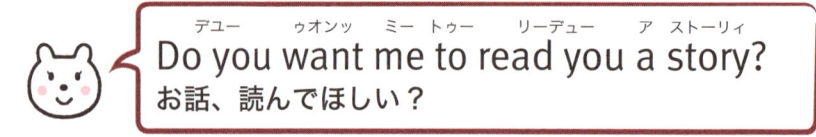

Promise.

Promise.

Mommy reads a bed time story for Shun-Shun every night.
ママは毎晩、シュンシュンにお話を読んであげます。

Do you want me to read you a story?
お話、読んでほしい？

うん。

Yes, please.

64

> Yes, please.

Which story?
どのお話？

> 青虫。

Caterpillar.

> Caterpillar.

Okay, get it.
オッケー。とってきて。

> はい。

Here you are.

> Here you are.

Good night, Shun-Shun.
シュンシュン、おやすみ。

> ママ、おやすみ。

Good night, Mommy.

> Good night, Mommy.

Say good night to Daddy.
パパにおやすみ言って。

> パパ、おやすみ。

Good night, Daddy.

> Good night, Daddy.

Bed time　おやすみなさい

Love you, Shun-Shun.
おやすみ、シュンシュン。
Give Daddy a hug.
パパにハグして。

Tomorrow, we are going to the beach.
明日は海にいこうね。
＊次の日の朝、**What are we going to do today?** と聞いてみるのもいいですね。

海いく。

Going to the beach.

Going to the beach.

Give Mommy a kiss.
ママにキスして。

いいよ。

Okay.

Okay.

See you in the morning.
また朝にね。
See you in the morning.

See you in the morning.

Track 25

こんなフレーズも使ってみよう。

Go to sleep. 寝よう。　　**Shun-Shun, look at the moon.**
Upstairs. 2階にいこう。　シュンシュン、お月さま見て。
　　　　　　　　　　　　　　Have a good sleep, Shun-Shun.
　　　　　　　　　　　　　　おやすみ、シュンシュン。

PART 2

いろんなことを
やってみよう

ここからは、毎日ではないけれど、
あそびや乗りものなど、
なじみのあるシチュエーションで
リピート英語を使った会話を紹介しています。
大切なのは、楽しい雰囲気で実践すること。
子どもがご機嫌なチャンスを
見つけてはじめましょう。

12

遊びながら料理のフレーズをおぼえよう！

Cooking Play
おてつだいしよう

Track 26

Shun-Shun likes cooking and helping Mommy.
シュンシュンは料理をして、ママのお手伝いをするのが好きです。

レツ　クック　シュン　シュン
Let's cook, Shun-Shun.
お料理しよう、シュンシュン。
レツ　クック
Let's cook.

Let's cook.

ホウッ　ダ　ナイフ
Hold the knife.
（おもちゃの）ナイフもって。
ホウッ　ダ　ナイフ
Hold the knife.

Hold the knife.

ビー　ケアフォウ　イツ　シャープ
Be careful, it's sharp.
気をつけて、とがってるから。
プレイス　ダ　カティンッ　ボーッ
Place the cutting board.
まな板おいて。
カティンッ　ボーッ
Cutting board.

Cutting board.

68

Cut the vegetables.
野菜を切って。
Cut the vegetables.

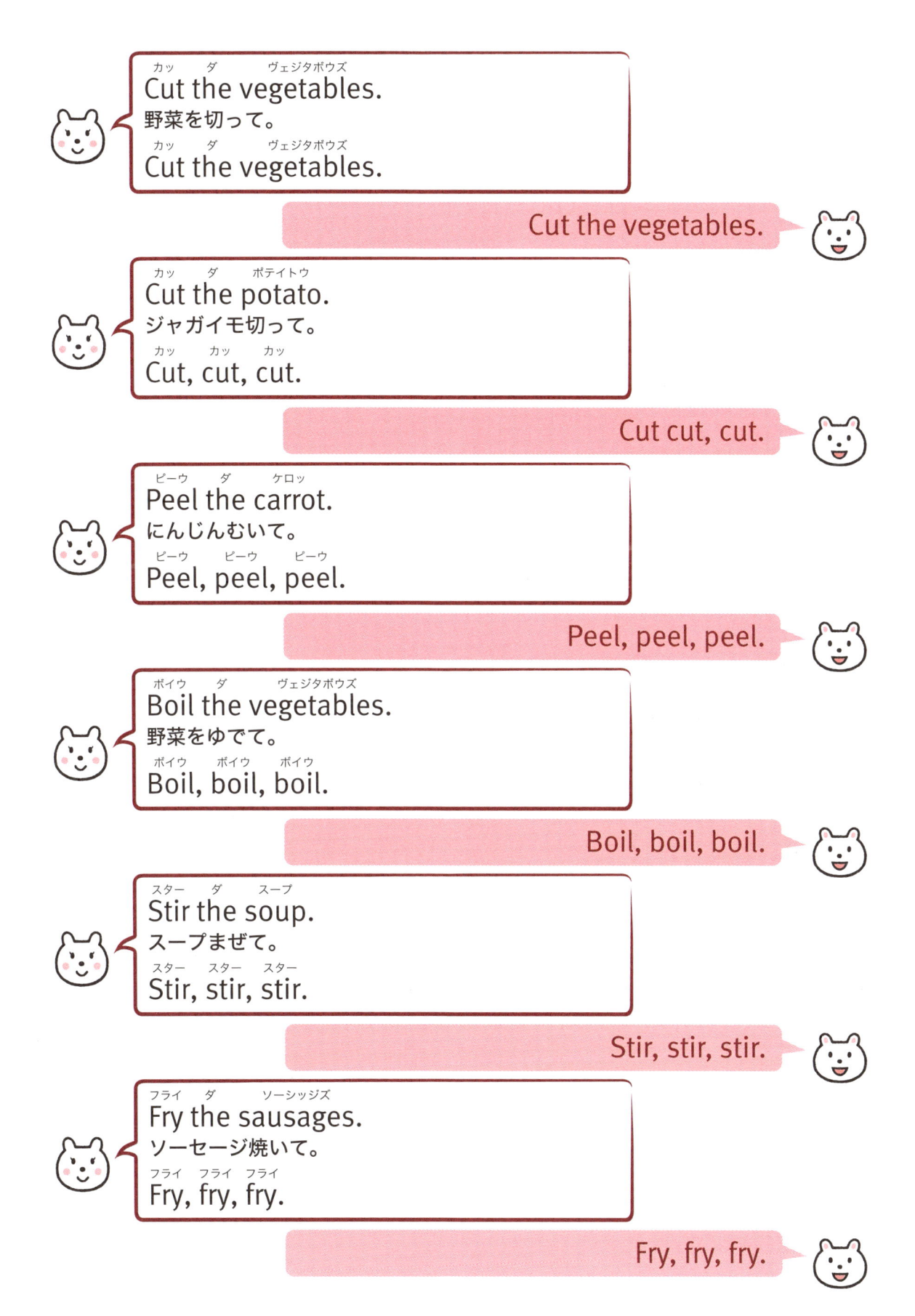

Cut the vegetables.

Cut the potato.
ジャガイモ切って。
Cut, cut, cut.

Cut cut, cut.

Peel the carrot.
にんじんむいて。
Peel, peel, peel.

Peel, peel, peel.

Boil the vegetables.
野菜をゆでて。
Boil, boil, boil.

Boil, boil, boil.

Stir the soup.
スープまぜて。
Stir, stir, stir.

Stir, stir, stir.

Fry the sausages.
ソーセージ焼いて。
Fry, fry, fry.

Fry, fry, fry.

Cooking Play　おてつだいしよう

Ouch, hot!
熱い！（やけどをするマネ）

あはははは。

Why are you laughing, Shun-Shun?
なんで笑うの、シュンシュン？
Funny?
おかしい？

ママ、おかしい。

Funny, Mommy.

Funny, Mommy.

Crack the egg.
たまご割って。
Crack the egg.

Crack the egg.

Mix the egg.
たまごを混ぜて。
Mix, mix, mix.

Mix, mix, mix.

Put in some salt and pepper.
塩とコショウを入れて。
Salt and pepper.

Salt and pepper.

Add some sugar.
おさとうを加えて。
Some sugar.

Some sugar.

Dinner's ready.
ごはんができた。
Dinner's ready.

Dinner's ready.

Come on, Daddy.
パパ、ごはんですよ。
Come on, Daddy.

Come on, Daddy.

I'm coming.
今いくよ。

こんなフレーズも使ってみよう。 Track 27

I wanna cook. お料理したいな。
Slice the onion. たまねぎ切って。
Cut the green pepper. ピーマン切って。
Toast the bread. パン焼いて。
Shake the juice. ジュースをシェイクして。
Take out milk from the fridge. 冷蔵庫からミルク出して。
I burnt my finger. 指をやけどしちゃった。

Exercise 5 | Positions

身の回りのモノの位置について話してみよう。

The cat jumps over the table.
ネコがテーブルを乗り越える

over

The cat is under the table.
ネコがテーブルの下にいる

under

The cat is in front of the door.
ネコがドアの前にいる

in front

The cat is behind the door.
ネコがドアの後ろにいる

behind

The cat is in the pot.
ネコがおなべの中にいる

in

The cat is out of the pot.
ネコがおなべの外にいる

out

beside	The cat is **beside** the fish bowl. ネコが金魚鉢の横にいる The cat is **between** the fish bowl and the dog. ネコが金魚鉢と犬の間にいる		**between**
up	The cat climbs **up** the tree. ネコが木にのぼっている The cat climbs **down** the tree. ネコが木から降りている		**down**
through	The cat walks **through** the chair. ネコがイスを通り抜ける The cat walks **around** the chair. ネコがイスのまわりを歩いている		**around**
on	The cat is **on** the table. ネコがテーブルの上にのっている The cat jumps **off** the table. ネコがテーブルから飛び降りる		**off**

13

場所についてのフレーズをおぼえよう！

Hide and seek
かくれんぼしよう

Track 29

> Hide and seek is an easy and fun game that kids can play anywhere.
> かくれんぼは、どこでもできる簡単で楽しい遊びです。

- Let's play hide and seek.
  （レツ プレイ ハイダン シーク）
  かくれんぼしよう。
  Let's play hide and seek.
  （レツ プレイ ハイダン シーク）

- Let's play hide and seek.

- I'm hiding.
  （アイム ハイディンッ）
  ママが隠れるよ。
  Can you find Mommy?
  （ケニュー ファインッ マミィ）
  ママ見つけられる？

- 見つけられる。

- I can find Mommy.
  （アイケン ファインッ マミィ）

- I can find Mommy.
  ママ見つけた！

- I found you!
  （アイ ファウンデュー）

- I found you!

74

Can you find Daddy?
パパ見つけられる？

パパはどこ？

Where's Daddy?

Where's Daddy?

Here I am.
ここだよ。

シュンシュンの番。

Shun-Shun's turn.

Shun-Shun's turn.

Where's Shun-Shun?
シュンシュンはどこ？
I can't find you.
見つからないね。

ここだよ。

Here I am.

Here I am.

There you are.
そこにいたんだ。

Shun-Shun and Mommy sometimes play 'Hiding toys', too.
身のまわりのものを隠して遊ぶ「探しものごっこ」も定番です。

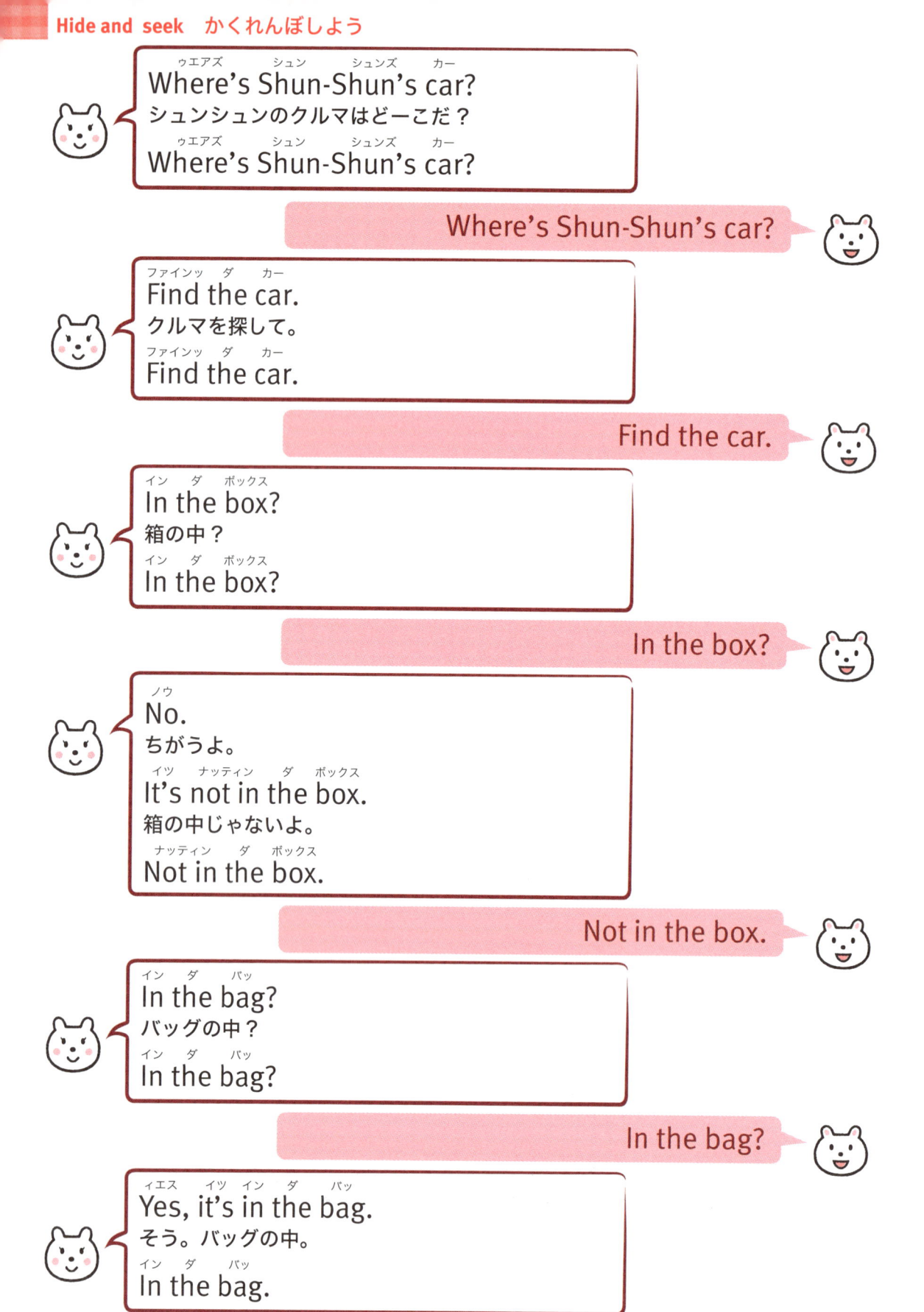

Hide and seek　かくれんぼしよう

Where's Shun-Shun's car?
シュンシュンのクルマはどーこだ？
Where's Shun-Shun's car?

Where's Shun-Shun's car?

Find the car.
クルマを探して。
Find the car.

Find the car.

In the box?
箱の中？
In the box?

In the box?

No.
ちがうよ。
It's not in the box.
箱の中じゃないよ。
Not in the box.

Not in the box.

In the bag?
バッグの中？
In the bag?

In the bag?

Yes, it's in the bag.
そう。バッグの中。
In the bag.

76

> In the bag.

Who's car is this?
これは誰のクルマ？

> シュンシュンのクルマ。

It's Shun-Shun's.

> It's Shun-Shun's.

Yes, it's yours.
そうだね、シュンシュンのだね。

> うん、シュンシュンの。

Yes, it's mine.

> Yes, it's mine.

Where's Mommy's phone?
ママの携帯(電話)はどこだ？
Where's Mommy's phone?

> Where's Mommy's phone?

Under the book?
本の下？

> ちがうよ。

No.

> No.

Behind the TV?
テレビのうしろ？

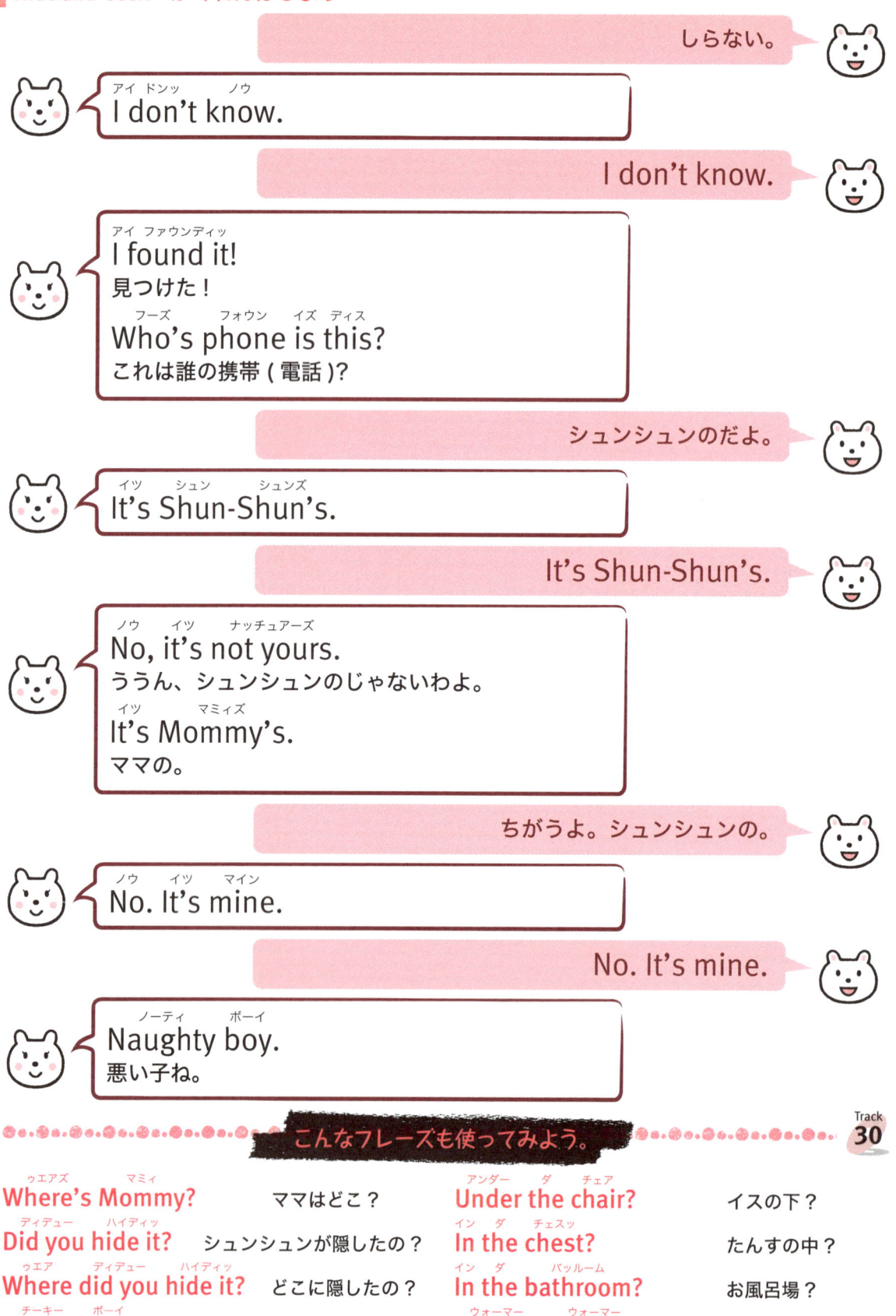

Hide and seek　かくれんぼしよう

→ しらない。

← I don't know.

→ I don't know.

← I found it!
見つけた！
Who's phone is this?
これは誰の携帯(電話)?

→ シュンシュンのだよ。

← It's Shun-Shun's.

→ It's Shun-Shun's.

← No, it's not yours.
ううん、シュンシュンのじゃないわよ。
It's Mommy's.
ママの。

→ ちがうよ。シュンシュンの。

← No. It's mine.

→ No. It's mine.

← Naughty boy.
悪い子ね。

こんなフレーズも使ってみよう。　Track 30

Where's Mommy?	ママはどこ？	Under the chair?	イスの下？
Did you hide it?	シュンシュンが隠したの？	In the chest?	たんすの中？
Where did you hide it?	どこに隠したの？	In the bathroom?	お風呂場？
Cheeky boy.	悪い子ね。	Warmer, warmer.	近づいてるよ。

Exercise 6 : Mine and Yours

「誰のもの？」「じぶんのもの」という言い方を覚えよう。

誰の〜 ＝ **Whose 〜**	シュンシュンの〜 ＝ **Shun-Shun's 〜**
ぼくの／私の〜 ＝ **my 〜** ぼくのもの／私のもの ＝ **mine**	シュンシュンのもの ＝ **Shun-Shun's**
きみの／あなたの〜 ＝ **your 〜** きみのもの／あなたのもの ＝ **yours**	
彼の〜 ＝ **his 〜** 彼のもの〜 ＝ **his**	
彼女の〜 ＝ **her 〜** 彼女のもの〜 ＝ **hers**	

これはぼくの自転車。
This is my bike.

あれはきみの自転車。
That is your bike.

これ、誰のボール？
Whose ball is this?

ぼくの。
It's mine.

これはぼくの。
This is mine.

あれはきみの。
That is yours.

これ、きみの帽子？
Is this your cap?

ううん、ぼくのじゃないよ。
No, it's not mine.

ぼくの犬は大きい。
My dog is big.

きみの犬は小さい。
Your dog is small.

じゃあ、誰の帽子？
Whose cap is it?

アキラのだよ。
It's Akira's.

彼のネコは白い。
His cat is white.

彼女のネコは黒い。
Her cat is black.

ぼくだって、おてつだいできるよ！

In the garden
おにわで

Track 31

> In the garden, Mommy and Daddy are gardening.
> おにわで、パパとママはガーデニングをしています。

Let's water the plants.
レツ　ウォーター　ダ　プランツ
植木に水をあげよう。
Water the plants.
ウォーター　ダ　プランツ

Water the plants.

We're watering the plants.
ウィア　ウォータリンッ　ダ　プランツ
植木に水をあげています。
Watering the plants.
ウォータリンッ　ダ　プランツ

Watering the plants.

Shun-Shun, what are you doing now?
シュン　シュン　ウワッター　ユー　ドゥーインッ　ナウ
シュンシュン、今何してるの？

水をあげてるの。

Watering the plants.
ウォータリンッ　ダ　プランツ

Watering the plants.

80

Let's rake the leaves.
落ち葉をはこう。
Let's rake the leaves.

Let's rake the leaves.

We are raking the leaves.
落ち葉をはいてるよ。
Raking the leaves.

Raking the leaves.

ママ、何してるの？

What are you doing, Mommy?

What are you doing, Mommy?

I'm painting the table.
テーブルをぬっているのよ。
Painting the table.

Painting the table.

Look, Shun-Shun, there's a ladybird.
みて、シュンシュン、てんとう虫がいるよ。
Ladybird.

Ladybird.

Can you touch it?
さわれる？

やだ。

No.

In the garden　おにわで

> No.

> Touch it, touch it.
> さわってごらん。さわってごらん。

> オッケー

> Okay.

> Okay.

Shun-Shun is curious about car washing, too.
クルマを洗うのも興味津々です。

> Let's wash the car together, Shun-Shun.
> いっしょにクルマを洗おう、シュンシュン。
> Wash together.

> Wash together.

> Here's a sponge.
> はい、スポンジ。
> Up and down, up and down.
> 上、下、上、下。
> Up and down, up and down.

> Up and down, up and down.

> Around and around.
> ぐる、ぐる、ぐる。
> Around and around.

> Around and around.

82

パパ、ホースかして。

Give me the hose, Daddy.

Give me the hose, Daddy.

はい、どうぞ。
Here you are.

Here you are.

Squirt, squirt, squirt.
シュッ、シュッ、シュッ。
Squirt, squirt, squirt.

Squirt, squirt, squirt.

Stop squirting, Shun-Shun.
水とめて、シュンシュン。
Daddy's wet.
パパ、ぬれちゃった。
Shun-Shun's wet, too.
シュンシュンもぬれちゃったね。
We're wet.
ぬれちゃった。
We're wet.

We're wet.

Track 32

こんなフレーズも使ってみよう。

Daddy, what are you doing? パパ何してるの？
Let's dig. 掘ろう。
Let's weed. 草取りしよう。
Let's blow bubbles. シャボン玉しよう。

Let's plant seeds. 種を植えよう。
Use the bug spray. 虫よけスプレーしてね。
Did a mosquito bite you? 蚊にさされた？
Let's make a snowman. 雪だるまつくろう。

15

シートベルトはしっかりしめたかな？

In the car
クルマでゴー！

Track 33

Shun-Shun goes to his swimming school by car.
スイミングスクールにはクルマでいきます。

Shun-Shun, let's go to your swimming school.
シュンシュン、スイミングいこう。
You have to sit in Shun-Shun's seat.
シュンシュンのシートにすわって。
Sit in your seat.

すわる。

Sit in my seat.

Sit in my seat.

Buckle up.
シートベルトして。

* **Put on your seat belt.** も同じ。

Buckle up.

Buckle up.

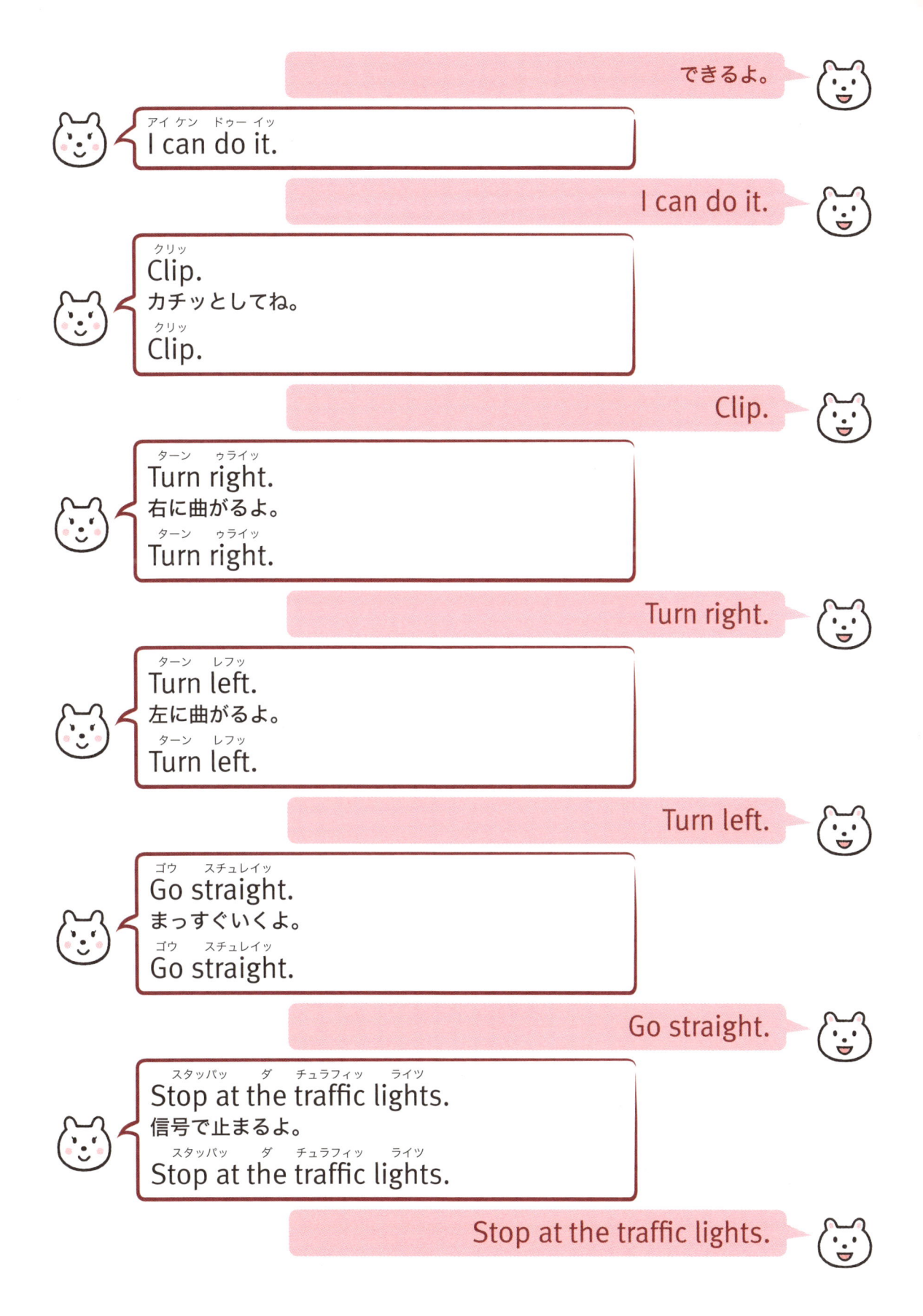

できるよ。

I can do it.
アイ ケン ドゥー イッ

I can do it.

Clip.
クリッ
カチッとしてね。
Clip.
クリッ

Clip.

Turn right.
ターン ゥライッ
右に曲がるよ。
Turn right.
ターン ゥライッ

Turn right.

Turn left.
ターン レフッ
左に曲がるよ。
Turn left.
ターン レフッ

Turn left.

Go straight.
ゴウ スチュレイッ
まっすぐいくよ。
Go straight.
ゴウ スチュレイッ

Go straight.

Stop at the traffic lights.
スタッパッ ダ チュラフィッ ライツ
信号で止まるよ。
Stop at the traffic lights.
スタッパッ ダ チュラフィッ ライツ

Stop at the traffic lights.

In the car クルマでゴー！

- Toot, toot.
  プップー（クラクションの音）。
  Toot, toot.
- Toot, toot.

- It's sunny.
  晴れてるね。
  It's sunny.
- It's sunny.

- Too bright?
  まぶしい？
- うん。

- Too bright?
- Too bright.

- 見て、ママ。
- Look, Mommy.
- Look, Mommy.

- Sorry, I'm driving.
  ごめん。運転中だから。
  Where are we, Shun-Shun?
  今どこだ、シュンシュン？
- もうすぐだ！

- Almost there.
- Almost there.

ママ、降ろして。

Get down, Mommy.

Get down, Mommy.

Let's get out.
さあ、降りよう。
Let's get out.

Let's get out.

Buckle up.
シートベルトして。

I can do it.
できるよ。

こんなフレーズも使ってみよう。

Track 34

Sit in the back seat.	後ろにすわって。	**It's stormy.**	嵐みたいだね。
How is the weather?	お天気はどう？	**It's getting dark.**	暗くなってきたね。
Not in the front seat.	前の席はだめよ。	**Almost home!**	もうすぐおうちだ！
It's started raining.	雨が降ってきたね。	**Look at me.**	見て。
It's cleared up.	晴れたね。	**Go by car or by train?**	
It's cloudy.	くもってるね。		クルマでいく？電車でいく？
It's windy.	風が強いね。	**Broom broom car?**	ブーブー？
		Choo-choo train?	電車？

16

男の子はやっぱりでんしゃが大好き！

Taking a train

でんしゃでおでかけ

Track 36

Sometimes Shun-Shun wants to take a train.
シュンシュンはときどき、でんしゃに乗りたくなります。

デュー　ワナ　ゴウ　バイ　チュレイン　トゥデイ
Do you wanna go by train today?
今日はでんしゃでいきたい？

でんしゃでいく！

ゴウ　バイ　チュレイン
Go by train!

Go by train!

レツ　キャッチ　ダ　チュー　チュー　チュレイン
Let's catch the choo-choo train.
でんしゃに乗ろう。
キャッチ　ダ　チュレイン
Catch the train.

Catch the train.

ママ、PASMO。

チュレイン　カーツ　マミィ
Train card, Mommy.

Train card, Mommy.

シュンシュンがやる。

Shun-Shun scan.
シュン シュン スケン

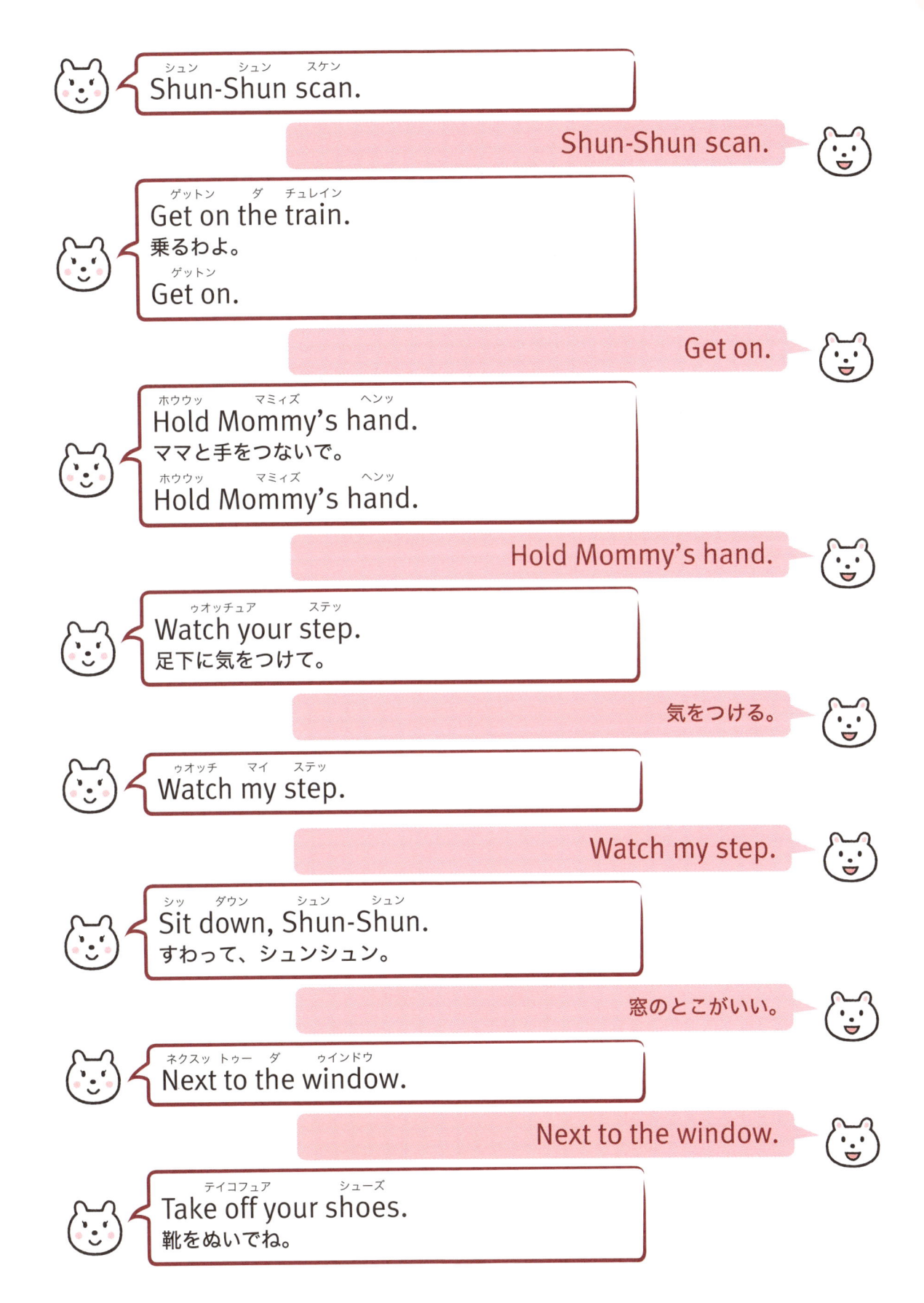

Shun-Shun scan.

Get on the train.
ゲットン ダ チュレイン
乗るわよ。
Get on.
ゲットン

Get on.

Hold Mommy's hand.
ホウッッ マミィズ ヘンッ
ママと手をつないで。
Hold Mommy's hand.
ホウッッ マミィズ ヘンッ

Hold Mommy's hand.

Watch your step.
ウオッチュア ステッ
足下に気をつけて。

気をつける。

Watch my step.
ウオッチ マイ ステッ

Watch my step.

Sit down, Shun-Shun.
シッ ダウン シュン シュン
すわって、シュンシュン。

窓のとこがいい。

Next to the window.
ネクスッ トゥー ダ ウインドウ

Next to the window.

Take off your shoes.
テイコフェア シューズ
靴をぬいでね。

Taking a train　でんしゃでおでかけ

ぬげるよ。

アイ　ケン　ドゥー　イッ
I can do it.

I can do it.

（車内広告を見ながら）見て、ママ。ミッキーだ。

ルッ　マミィ　イツ　ミッキー
Look, Mommy. It's Mickey.

Look, Mommy. It's Mickey.

ィエス　イツ　ミッキー
Yes, it's Mickey.
ほんとだ、ミッキーね。
ゲットフ　ダ　チュレイン
Get off the train.
降りるわよ。

降りる。

ゲットフ
Get off.

Get off.

こんなフレーズも使ってみよう。 Track 37

デュー　ワナ　ホウッ　ダ　ストゥラッ
Do you wanna hold the strap?
　　　　　　　つり革につかまる？

イツ　クラウディッ
It's crowded.
　　　　　混んでるね。

ネクストッピズ　アワーズ
Next stop is ours.　次で降りるわよ。
ウィ　チェインジ　ヒア
We change here.　ここで乗り換えるのよ。

Exercise 7 | Opposites

反対表現を覚えて、
レパートリーを増やそう。

「起きる」 ↔ 「寝る」

Wake up./Get up.
Wakey wakey.
起きて。

Go to sleep./Go to bed.
Sleep time.
寝なさい。

「脱ぐ」 ↔ 「着る」「身につける」

Take off your pajamas.
パジャマ脱いで。

Put on a dry nappy.
新しいオムツはいて。

「洗う」 ↔ 「拭く」「乾かす」

Wash your hands.
手を洗って。

Dry your hair well.
髪の毛よく乾かして。

「すわる」 ↔ 「降りる」

Sit on your chair.
Get on your chair.
自分のイスにすわって。

Get off Mommy's chair.
Get down from Mommy's chair.
ママのイスから降りて。

「持ち上げる」「拾う」 ↔ 「おろす」「下に置く」

Pick up your fork.
フォーク持って。

Pick me up.
だっこして。

Put your bag down.
バッグ置いて。

Put me down.
おろして。

「出る」 ↔ 「入る」

Let's go out.
お外いこう。

Come in.
入って。

91

Exercise 7 | Opposites

反対表現を覚えて、
レパートリーを増やそう。

「取り出す」
Take out your toys.
おもちゃ出して。

↔

「しまう」「片づける」
Put your shoes away.
靴をしまって。

Pack up your books.
本を片づけて。

「〜へいく」
Daddy went to work.
パパはお仕事にいったよ。

↔

「帰ってくる」
Daddy came back from work.
パパはお仕事から帰ってきたよ。

「乗る」
Get in the car.
クルマに乗って。

Get on the swing.
ブランコに乗って。

↔

「降りる」「出る」
Get out of your stroller.
ベビーカートから降りて。

Let's get off the train.
電車降りよう。

「投げる」
Throw the ball.
ボール投げて。

↔

「キャッチする」
Catch the ball.
ボールとって。

「上の階にいく」
Let's go upstairs.
二階にいこう。

↔

「下の階にいく」
Let's go downstairs.
下にいこう。

「のぼる」
I wanna climb up the tree.
木にのぼりたい。

↔

「降りる」
Can you climb down?
降りられる？

「つける」 ↔ 「消す」

Turn on the light.
電気つけて。

Turn on the TV.
テレビつけて。

Turn off the light.
電気消して。

Turn off the TV.
テレビ消して。

「開ける」 ↔ 「閉める」

Open the door.
ドア開けて。

Shut the door.
ドア閉めて。

「好き」 ↔ 「嫌い」

Yummy! I like this yogurt.
おいしい！　このヨーグルト好き。

Yucky! I don't like it.
まずい。それ好きじゃない。

「ほしい」「食べたい」 ↔ 「いらない」「食べたくない」

I'm hungry. I want a snack.
お腹すいた。お菓子食べたい。

I'm full. I don't want any more.
お腹いっぱい。もういらない。

「失くす」 ↔ 「見つける」

I lost my hat.
帽子なくなっちゃった。

I found it.
見つけたよ。

「入れる」 ↔ 「出す」

Put in the DVD.
DVD 入れて。

Put it in the trashcan.
それはゴミ箱に捨てて。

Take out the CD.
CD 出して。

Take out milk from the fridge.
冷蔵庫からミルク出して。

「見せて」 ↔ 「見せないで」

Show me your drawing.
絵を見せて。

Don't show me your booger.
鼻くそ見せないで。

17

はやく元気になるといいね！

Injured and Sick

けがや病気

Track 38

Shun-Shun is crying, Mommy asks him why.
シュンシュンが泣いているので、ママがたずねます。

What happened?
どうしたの？

You fell over.
ころんだのね。

Where does it hurt?
どこが痛いの？

ここ。

Here.

Here.

Show me.
見せて。

It hurts here.
ここが痛いのね。

It's just a graze.
ちょっとすりむいただけ。

94

Don't scratch it.
ひっかいちゃだめよ。
Let me kiss it better.
キスしたらなおるから。

Shun-Shun doesn't look well.
シュンシュンの元気がありません。

Shun-Shun, you look sick.
シュンシュン、具合わるそうね。
Does your tummy hurt?
お腹いたい？

ううん。

Let me take your temperature.
お熱はからせて。
You're fine.
だいじょうぶね。
You may be coming down with a cold.
風邪気味なのかもね。

こんなフレーズも使ってみよう。

Track 39

Touch it. いたいところさわってみて。
Here hurts. ここがいたい。
I bumped my head. 頭、ぶつけた。
What stung you? なにに刺されたんだろう？
Itchy. かゆい。
It's just a nick. ちょっと切っただけね。
It's dangerous. 危ないよ。
What's the matter? どうしたの？（具合が悪そう）

What's wrong? どうしたの？（困っている）
Does your head hurt? 頭がいたいの？
Daddy has a cold. パパは風邪をひいてるの。
You have to get a flu shot.
インフルエンザの予防接種しなきゃね。
You have a runny nose. 鼻水が出てるね。
Don't put it in your mouth.
それ口に入れちゃだめよ。

95

18

みんなでキャンプにいくのが楽しみ！

Talking about the weekend

週末はどこにいこう

Track 40

Shun-Shun is looking forward to the weekend.
シュンシュンは週末のおでかけを楽しみにしています。

ウィアー ゴウインッ キャンピンゴン ダ ウイーケンッ
We are going camping on the weekend.
週末にキャンプにいくよ。
キャンピンッ
Camping.

Camping.

ウィアー ゴウインッ キャンピンッ ウィッ ユキ
We are going camping with Yuki.
ユキちゃんとキャンプにいくよ。
キャンピンッ ウィッ ユキ
Camping with Yuki.

Camping with Yuki.

ウィアー フィッシンッ デア
We are fishing there.
そこでつりをするよ。
フィッシンッ
Fishing.

Fishing.

ウィアー ハヴィンガ バーベキュー デア
We are having a barbecue there.
そこでバーベキューするよ。
バーベキュー
Barbecue.

> Barbecue.

ウエアラー　ウィー　ゴウインゴン　ダ　ウイーケンツ
Where are we going on the weekend?
週末どこいくんだっけ？

> キャンプ。

キャンピンッ
Camping.

> Camping.

フー　アー　ウィー　ゴウインッ　ウィッ
Who are we going with?
誰といくんだっけ？

> ユキちゃんと。

ウィッ　ユキ
With Yuki.

> With Yuki.

ウワッター　ウィー　ドゥーインッ
What are we doing?
何をするんだっけ？

> つり。

フィッシンッ
Fishing.

> Fishing.

アンッ
And?
それから？

> バーベキュー。

バーベキュー
Barbecue.

> Barbecue.

97

> いろんな動詞にかえて、ラップに合わせて歌ってみましょう。パパがお手本を見せるから、次につづいてね。

できるかな？
──いっしょに歌おう！

1. Morning song (Track 5)

Wash, wash, you can do it,
Wash your hands.

Wash, wash, I can do it
Wash my hands.

Wipe, wipe, you can do it.
Wipe your mouth.

Wipe, wipe, I can do it.
Wipe my mouth.

Brush, brush, you can do it.
Brush your teeth.

Brush, brush, I can do it.
Brush my teeth.

I did it.

2. Baseball song (Track 14)

Throw, throw, you can do it.
Throw your ball.

Throw, throw, I can do it.
Throw my ball.

Catch, catch, you can do it.
Catch your ball.

Catch, catch, I can do it.
Catch my ball.

Hit, hit, you can do it.
Hit your ball.

Hit, hit, I can do it.
Hit my ball.

It's fun.

3 Bath time song
Track 23

Swim, swim, you can do it.
Swim in the bath.

Swim, swim, I can do it.
Swim in the bath.

Dry, dry, you can do it.
Dry your hair.

Dry, dry, I can do it.
Dry my hair.

Put on, put on, you can do it,
Put on your pants.

Put on, put on, I can do it.
Put on my pants.

Good job!

4 Cooking song
Track 28

Cook, cook, you can do it.
Cook your meal.

Cook, cook, I can do it.
Cook my meal.

Cut, cut, you can do it.
Cut the cake.

Cut, cut, I can do it.
Cut the cake.

Fry, fry, you can do it,
Fry sausages.

Fry, fry, I can do it.
Fry sausages.

Yummy!

5 Driving song
Track 35

Drive, drive, you can do it.
Drive your car.

Drive, drive, I can do it.
Drive my car.

Turn, turn, you can do it.
Turn right.

Turn, turn, I can do it.
Turn right.

Turn, turn, you can do it.
Turn left.

Turn, turn, I can do it.
Turn left.

We are here!

もう一度、おさらいしよう

Getting up	おはよう
Time to wake up.	起きる時間よ。
Good morning.	おはよう。
Did you have a good sleep?	よく寝た？
Good sleep.	よく寝たね。
Pick me up.	だっこ。
Go downstairs.	下いく。

Meal time	いただきます
Are you hungry?	お腹すいた？
Mommy will cook breaky, okay?	ママが朝ごはんつくるからね。
Sit in your chair.	すわって。
Let's eat together.	さあいっしょに食べよう。
What do you wanna eat for breakfast?	朝ごはんになに食べたい？
I wanna eat sausage.	ソーセージ食べたい。
What do you wanna drink?	なに飲みたい？
I wanna drink milk.	ミルク飲みたい。
Do you wanna cheese?	チーズ食べる？
I don't wanna eat it.	いらない。
How about Mommy?	ママ食べる？
Thank you. I'll have some.	ありがとう、もらうね。
Is it yummy?	おいしい？
Chew, chew.	かみ、かみ。
Yucky.	まずい。
Spit it out.	出して。
Pass me the sauce.	ソースとって。
Here you are.	はい。
I dropped my spoon.	スプーン落としちゃった。

Pick it up.	ひろって。
One more please.	もっと食べたい。
One more piece of toast.	もっとトースト食べたい。
More, please.	もっと飲みたい。
Finished?	ごちそうさま？
Are you finished eating?	食べ終わったの？
One more mouthful.	もう一口食べて。
No more, no more.	もういらない。
Wipe your hands.	手をふいて。
Napkin, please.	ナプキンちょうだい。
Here's a napkin.	はい、ナプキン。
Wipe, wipe.	ふきふき。
Are they clean?	きれいになった？
Get down, get down.	（イスから）降りる、降りる。
Wash your hands.	手を洗って。
Brush your teeth.	歯みがきして。

Time to go / いってきます

Time to go.	いく時間よ。
Say bye-bye to Daddy.	パパにいってらっしゃいして。
Bye-bye Daddy.	いってらっしゃい、パパ。
Have a good day, Shun-Shun.	いってきます、シュンシュン。
Be a good boy for Mommy.	ママのいうことをきくんだよ〜。
Okay.	うん。
I'll pick you up.	ママが迎えにくるからね。
See you later.	じゃあね。

In the living room / リビングで

I wanna watch Toy Story.	トイストーリーみたい。
Shun-Shun turn on.	シュンシュンがつける。
It's fun.	おもしろいね。

It's funny.	おかしいね。
Finished.	終わった〜。
Shun-Shun turn off.	シュンシュンが消す。
Where's Shun-Shun's car?	シュンシュンのクルマどこ？
Let's find together.	いっしょに探そう。
Found it!	あった！
I want a snack.	お菓子食べる。
Open, please.	開けて。
Do you want Mommy do it?	ママに開けてほしい？
Yes, Mommy do it	うん、ママが開けて。
Okay, Mommy do it.	オッケー、ママが開けてあげる。
Thank you, Mommy.	ありがとう、ママ。
I want Lego, please.	レゴ出して。
What are you making, Shun-Shun?	なにつくってるの、シュンシュン？
Making a restaurant.	レストランをつくってるの。
Who made it?	それ、誰がつくったの？
Shun-Shun made it.	シュンシュンがつくったの。
I wanna draw.	お絵描きしたい。
What are you drawing?	なにを描いてるの？
Drawing a balloon.	風船。
Color the balloon.	風船に色ぬって。
Color the balloon.	風船に色ぬる。
What color do you like?	何色がいい？
Red.	あか。
I'm coloring the balloon.	風船に色をぬってるよ。

Toilet training / Potty training	トイレにいこう
If you wee or poo, please tell us.	おしっこやウンチしたら教えてね。
Wee-wee.	おしっこ。
Wet nappy.	もれちゃった。
Change the nappy.	おむつ替える。

Get a nappy for me?	おむつ、とってくれる？
Good boy.	いい子ね。
Put on some cream.	クリームぬっとくね。
Go to the toilet.	トイレいく。
Poo-poo.	ウンチ。
Sit on your potty seat.	シートにすわって。
Are you finished?	出た？
I'm finished.	出た。
Can you wipe?	ふける？
I can do it.	ふけるよ。
Flush toilet.	流して。
Put your seat away.	シートはずして。
Wash your hands.	手を洗って。

Off to the park — こうえんであそぼう

Sunny day.	晴れてるね。
It's hot.	暑いね。
Let's go outside, Mommy.	ママ、おそといこう。
Go to the park.	こうえんいく。
Don't forget your hat.	帽子、忘れないでね。
Come here, Mommy.	ママこっちきて。
Take out the ball.	ボール出す。
Go away.	あっちいって。
Throw the ball, Mommy.	ママ、ボール投げて。
Okay. Catch the ball.	キャッチしてね。
Shun-Shun throw the ball.	シュンシュンが投げる。
I'll hit the ball.	ママがボール打つよ。
Ouch.	いたい。
I bumped my head.	頭ぶつけた。
It's okay.	大丈夫だよ。
Don't cry.	泣かないで。

Let's go on the swing.	ブランコ乗りにいこうよ。
Swing, swing.	ゆら、ゆら。
Water, please.	お水飲む。
Here you are.	はい。
Go on the slide.	すべり台いく。
Let's run to the slide.	すべり台まで走っていこう。
Ready, set, go.	位置について、ヨーイ、ドン。
I'll catch you, Shun-Shun.	つかまえるよ、シュンシュン。
Wait, Shun-Shun.	待って、シュンシュン。
Gotcha.	つかまえた。
I can run fast.	早く走れるよ。
Can you play on the slide?	すべり台できる？
Slide, slide.	すべる〜、すべる〜。
Ice cream time?	アイスにしようか。
I wanna eat ice cream.	アイス食べる。
I'll buy you one.	買ってあげるね。
It's melting.	とける、とける。
Shun-Shun, look at the big dog.	シュンシュン、あの大きな犬をみてごらん。
That dog is big.	あの犬、大きいね。
Big black dog.	大きな黒い犬。
Can you see the green bird?	あのみどり色の鳥がみえる？
Where?	どこ？
Over there, at the top of that tree.	あそこ、木のてっぺん。
I can see the bird.	見えた。
That bird is green.	あの鳥はみどり色。
Small green bird.	小さなみどり色の鳥。
Small Shun-Shun.	小さいシュンシュン。

Going shopping / おかいものにいこう

Mommy is going to the supermarket.	ママはスーパーにいくわよ。
I wanna go together.	いっしょにいきたい。

Where are your shoes?	靴はどこ？
Here.	ここ。
Put on your shoes.	靴はいてね。
Where's Shun-Shun's hat?	シュンシュンの帽子はどこ？
Not this one.	これじゃない。
Do you want a different one?	ちがうのがいいの？
Yes, red one.	うん、赤いの。
It's hot.	暑いね。
Do you wanna go in the stroller or walk?	ベビーカーに乗る？それとも歩く？
Hold Mommy's hand.	ママと手をつないで。

In the shop

これがほしい！

Do you wanna sit in the cart?	カートに乗る？
Carry the basket?	バスケットもつ？
Don't touch.	触らないで。
I want milk, Mommy.	ママ、ミルク欲しい。
Okay. I'll buy you some milk.	オッケー、ミルク買ってあげるよ。
Money, money.	お金、お金。
Sticker, sticker.	シール、シール。

In the evening

パパ、おかえり！

Check the mailbox.	郵便受けみて。
Are there any letters?	お手紙きてる？
Many letters.	いっぱい。
Newspaper?	新聞は？
What time will Daddy come home?	パパいつ帰ってくるの？
Daddy will come home soon.	パパはもうすぐ帰ってくるわよ。
Ding dong, ding dong..	ピンポーン，ピンポーン。
Who's there?	どなたですか？
It's Daddy.	パパだよ。
Please come in.	おかえり。

I'm home Shun-Shun.	ただいま、シュンシュン。
Welcome home, Daddy.	おかえり、パパ。
Did you have a good day, Shun-Shun?	今日は楽しかった、シュンシュン？
Good day.	楽しかった。
What did you do today?	今日はなにをしたの？
Swimming.	スイミング。
Where did you go today?	今日はどこにいったの？
Park.	こうえん。
Did you go to the big park?	大きいこうえんにいったの？
Telephone ringing.	電話だわ。
Who's calling?	誰から？
Grandma's calling.	おばあちゃんからよ。
How's grandma?	おばあちゃん、元気？
I'm good.	元気だよ。

Bath time　おふろのじかんだよ

Time for your bath, Shun-Shun.	おふろよ、シュンシュン。
Mommy together.	ママといっしょに。
Take off your clothes.	お洋服脱いで。
Wash, wash, wash.	ゴシ、ゴシ、ゴシ
Wash Mommy's back.	ママの背中洗う〜。
Rinse, rinse, rinse.	流そう、流そう、流そう。
Let me wash your hair.	髪洗わせてね。
Close your eyes.	目をつぶって。
Swim, in the bath.	おふろの中で泳ごう。
Splash, splash, splash.	パシャ、パシャ、パシャ。
Squirt, squirt, squirt.	プシュ、プシュ、プシュ。
Get out of the bath.	おふろから出て。
Stay in the bath.	まだ入ってる。
Get out.	出るよ。
Dry, dry, dry.	ふき、ふき、ふき。

Put on your nappy.	オムツはいて。
Put on your clothes.	洋服きて。
Brush your hair.	髪をとかそう。

Bed time	**おやすみなさい**
Shun-Shun, are you sleepy?	シュンシュン、ねむいの？
I'm sleepy.	ねむい。
Well, clean up.	じゃあ、かたづけよう。
Put my toys away.	うん、おもちゃしまう。
Put them back where they were.	あったところに戻してね。
Go to bed?	寝る？
Go to Shun-Shun's room.	シュンシュンのお部屋いこう。
No jumping on the bed.	ベッドの上で飛びはねないで。
Tickle monster's coming.	（やめないと）ティックル・モンスターがくるよ。
Tickle, tickle.	こちょこちょ。
Don't tickle, Mommy.	ママ、こちょこちょやめて。
Promise?	約束する？
Promise.	約束する。
Do you want me to read you a story?	お話、読んでほしい？
Yes, please.	うん。
Which story?	どのお話？
Caterpillar.	青虫。
Okay, get it.	オッケー。とってきて。
Good night, Shun-Shun.	シュンシュン、おやすみ。
Say good night to Daddy.	パパにおやすみ言って。
Good night, Daddy.	パパ、おやすみ。
Love you, Shun-Shun.	おやすみ、シュンシュン。
Give Daddy a hug.	パパにハグして。
Tomorrow, we are going to the beach.	明日は海にいこうね。
Give Mommy a kiss.	ママにキスして。
See you in the morning.	また朝にね。

Cooking Play	おてつだいしよう
Let's cook.	お料理しよう。
Hold the knife.	（おもちゃの）ナイフもって。
Be careful, it's sharp.	気をつけて、とがってるから。
Place the cutting board.	まな板おいて。
Cut the vegetables.	野菜を切って。
Cut the potato.	ジャガイモ切って。
Peel the carrot.	にんじんむいて。
Boil the vegetables.	野菜をゆでて。
Stir the soup.	スープまぜて。
Fry the sausages.	ソーセージ焼いて。
Ouch, hot!	熱い！（やけどをするマネ）
Why are you laughing, Shyn-Shun?	なんで笑うの、シュンシュン？
Funny?	おかしい？
Crack the egg.	たまご割って。
Mix the egg.	たまごを混ぜて。
Put in some salt and pepper.	塩とコショウを入れて。
Salt and pepper.	塩とコショウ。
Add some sugar.	おさとうを加えて。
Dinner's ready.	ごはんができた。
Come on, Daddy.	パパ、ごはんですよ。
I'm coming.	今いくよ。

Hide and seek.	かくれんぼしよう
Let's hide and seek.	かくれんぼしよう。
Can you find Mommy?	ママ見つけられる？
I found you!	ママ見つけた！
Where's Daddy?	パパはどこ？
Here I am.	ここだよ。
Shun-Shun's turn.	シュンシュンの番。
I can't find you.	見つからないね。

There you are.	そこにいたんだ。
Where's Shun-Shun's car?	シュンシュンのクルマはどーこだ？
Find the car.	クルマを探して。
In the box?	箱の中？
It's not in the box.	箱の中じゃないよ。
In the bag?	バッグの中？
Who's car is this?	これは誰のクルマ？
It's Shun-Shun's.	シュンシュンのクルマ。
Yes, it's yours.	そうだね、シュンシュンのだね。
Yes, it's mine.	うん、シュンシュンの。
Where's Mommy's phone?	ママの携帯（電話）どこだ？
Under the book?	本の下？
Behind the TV?	テレビのうしろ？
I don't know.	しらない。
I found it!	見つけた！
Who's phone is this?	これは誰の携帯（電話）？
No, it's not yours.	ううん、シュンシュンのじゃないわよ。
It's Mommy's.	ママの。
Naughty boy.	悪い子ね。

In the garden / おにわで

Let's water the plants.	植木に水をあげよう。
We're watering the plants.	植木に水をあげています。
Shun-Shun, what are you doing now?	シュンシュン、今何してるの？
Let's rake the leaves.	落ち葉をはこう。
I'm painting the table.	テーブルをぬっているのよ。
Look, Shun-Shun, there's a ladybird.	みて、シュンシュン、てんとう虫がいるよ。
Can you touch it?	さわれる？
Let's wash the car together, Shun-Shun.	いっしょにクルマを洗おう、シュンシュン。
Here's a sponge.	はい、スポンジ。
Up and down, up and down.	上、下、上、下。

Around and around.	ぐる、ぐる、ぐる。
Give me the hose, Daddy.	パパ、ホースかして。
Stop squirting, Shun-Shun.	水とめて、シュンシュン。
We're wet.	ぬれちゃった。

In the car	クルマでゴー！
Shun-Shun, let's go to your swimming school.	シュンシュン、スイミングにいこう。
You have to sit in Shun-Shun's seat.	シュンシュンのシートにすわって。
Buckle up.	シートベルトして。
Clip.	カチッとしてね。
Turn right.	右に曲がるよ。
Turn left.	左に曲がるよ。
Go straight.	まっすぐいくよ。
Stop at the traffic lights.	信号で止まるよ。
Toot, toot.	プップー（クラクションの音）。
It's sunny.	晴れてるね。
Too bright?	まぶしい？
Look, Mommy.	見て、ママ。
Sorry, I'm driving.	ごめん。運転中だから。
Where are we, Shun-Shun?	今どこだ、シュンシュン？
Almost there.	もうすぐだ！
Get down, Mommy.	ママ、降ろして。
Let's get out.	さあ、降りよう。

Taking a train	でんしゃでおでかけ
Do you wanna go by train today?	今日はでんしゃでいきたい？
Let's catch the choo-choo train.	でんしゃに乗ろう。
Train card, Mommy.	ママ、PASMO。
Shun-Shun scan.	シュンシュンがやる。
Get on the train.	乗るわよ。
Hold Mommy's hand.	ママと手をつないで。

Watch your step.	足下に気をつけて。
Sit down, Shun-Shun.	すわって、シュンシュン。
Next to the window.	窓のとこがいい。
Take off your shoes.	靴をぬいでね。
Look, Mom. It's Mickey.	（車内広告を見ながら）見て、ママ。ミッキーだ。
Get off the train.	降りるわよ。

Injured and Sick / けがや病気

What happened?	どうしたの？
You fell over.	ころんだのね。
Where does it hurt?	どこが痛いの？
Show me.	見せて。
It hurts here.	ここが痛いのね。
It's just a graze.	ちょっとすりむいただけ。
Don't scratch it.	ひっかいちゃだめよ。
Let me kiss it better.	キスしたらなおるから。
Shun-Shun, you look sick.	シュンシュン、具合わるそうね。
Does your tummy hurt?	お腹いたい？
Let me take your temperature.	お熱はからせて。
You're fine.	だいじょうぶね。
You may be coming down with a cold.	風邪気味なのかもね。

Talking about the weekend / 週末はどこにいこう

We are going camping on the weekend.	週末にキャンプにいくよ。
We are going camping with Yuki.	ユキちゃんとキャンプにいくよ。
We are fishing there.	そこでつりをするよ。
We are having a barbecue there.	そこでバーベキューするよ。
Where are we going on the weekend?	週末どこいくんだっけ？
Camping.	キャンプ。
Who are we going with?	誰といくんだっけ？
What are we doing?	何をするんだっけ？

著者

戸張郁子
Tobari Ikuko

早稲田大学在学中から通訳者養成学校に通い、卒業後は米国系広告代理店に勤務。自らの子育て中に、日本人家庭内での英会話を実験的に始め、英会話教室、ホームページ、執筆活動を通じて、「お母さんの声かけ英語」の普及に努めている。2001年に出版した『子どもは英語でしつけなさい』は、子どもにすぐに使いたいリアルなフレーズ集として多くの母親たちの支持を集めた。「声かけ英語」によって、一般家庭からコミュニケーション能力の向上をバックアップすることを目指している。

www.ameblo.jp/gamigami712

ブラッド・ユアショット
Brad Juerchott

オーストラリア・メルボルン生まれ。大学卒業後5年間の企業勤務を経て、2003年に来日。以来、英会話、英検、TOEIC、TOEFL、ビジネス英語、経営者、企業研修など、幼児から大人まで幅広い英語教育に従事する。日本人の奥さんと協力して、現在2歳の長男のバイリンガル育児にも積極的に参加。本書では、日本の保育園に通う自らの子どもをモデルにして、いかに小さいころから英語に慣れ親しむ環境を作り出せるかという実践的ノウハウを披露している。趣味は読書と山登り。

www.eslmilestones.com

CD録音・編集
ELEC
（一般財団法人 英語教育協議会）

楽曲制作
谷 真人

ナレーション
Carolyn Miller
Helen Morrison
Jack Merluzzi
西村麻弥（アミュレート）
辻 菜穂
谷 真人

しゃべりはじめたら
ママといっしょにリピート英語

2014年3月4日　初版第一刷発行

著者　　　戸張郁子
　　　　　ブラッド・ユアショット

ブックデザイン　釜内由紀江（GRiD）
　　　　　　　　井上大輔（GRiD）

イラスト　Yuzuko（田代卓事務所）

編集　　　金貞姫

発行者　　木谷仁哉
発行所　　株式会社ブックマン社
　　　　　〒101-0065　千代田区西神田 3-3-5
　　　　　TEL 03-3237-7777
　　　　　FAX 03-5226-9599
　　　　　http://www.bookman.co.jp

ISBN 978-4-89308-815-4
印刷・製本：凸版印刷株式会社

定価はカバーに表示してあります。乱丁・落丁本はお取替えいたします。
本書の一部あるいは全部を無断で複写複製及び転載することは、法律で認められた場合を除き著作権の侵害となります。
© Ikuko Tobari, Brad Juerchott, Bookman-sha 2014